www.ingramcontent.com/pod-product-compliance
Lightning Source LLC
Chambersburg PA
CBHW060350050426
42449CB00011B/2904

موسوعة الأساطير اليونانية القديمة

إعداد: رأفت علام

مكتبة المشرق الإلكترونية

موسوعة الأساطير اليونانية القديمة

إعداد وتحرير: رأفت علام

مكتبة المشرق الإلكترونية

صدر في أغسطس 2021 عن مكتبة المشرق الإلكترونية – مصر
تحديث 12/2024

مكتبة المشرق الإلكترونية

Table of Contents

«عظيمة هي الأساطير في نظر الشخص النبيل».

مقدمة

إذا رجع الإنسان بمخيلته إلى بدايات الزمن الغامضة وجد أنه إذا لم تُنرِ الديانةُ الحقيقية ذهن الإنسان، ولم تفسر له العلوم الأشياء ونشأتها، فإنه قد يلاحظ مولد ما نسميه بالأساطير.

ففي ظلام الغابات الدامس، وعلى السُّهول التي تسطع عليها الشمس بنورها، وفي الكهوف التي قلَّما كانت تحمي ساكنيها من هجوم النُّمور الحادَّة الأنياب أو الدِّبَبة العملاقة، وفي البيوت الطافية بغير أمان فوق مياه البحيرات، وفي أعماق الأدغال الرطبة، وعلى سفوح الجبال، وعلى سواحل البحار، وفي كل مكان، نظر الإنسان إلى العالم الخطر الغامض، وتأمَّل في أموره.

فسأل الإنسان نفسه: «من أين تأتي الشمس؟ وما هي هذه الشمس؟» وأجاب على هذا السؤال بقوله: «الشمس قارب (أو عربة) يجلس فيه الإله المتألق المبهر، ويقوده عبر السماء.» ولما حيَّره القمر، فسر الإنسان الأول ذلك المضيء الأبيض بالتفكير فيه كقارب آخر، أو عربة أخرى تجلس فيها شقيقة إله الشمس.

وتساءل الإنسان: «ماذا يكمن وراء رعب الرعد والبرق؟» ولكي يحل غوامض هذا اللغز، وصل إلى صورة إله عظيم يجلس على عرشٍ في السماء، وصوته هو الرعد، ورسوله هو البرق. فإذا ما هاج البحر في عواصفٍ مدمرة، فذلك سببه غضب إله الأمواج ذي الشعر الأزرق، وإذا ما أنتجت الحُبوب والأشجار بذورًا، كانت الأم الأرضُ كريمة. وإذا جاء القحط والمجاعات؛ فذلك بسبب غضبها، وعندئذٍ يجب استرضاؤها بالذبائح والصلاة.

حيَّر كثيرٌ من الأسئلة الأخرى سكانَ الأرض البدائيين؛ أصل النار، والشكل الذي جاء به مختلف أنواع الحيوان والنبات، وأسباب رفاهية بعض الناس، وشقاء البعض الآخر، وطبيعة الموت، ومسألة العالم الآخر.

ولكي يجيب قدامى الناس في تلك العصور على هذه الأسئلة، كونوا الأساطير، الأساطير التي يضمها هذا الكتاب، وكثيرًا غيرها. وظلت هذه الأساطير طوال عصور مديدة، غير مكتوبة، يتلقَّاها الابن عن أبيه شفويًّا، وينقلها الجيل إلى الجيل التالي بالكلمة المنطوقة بالفم، وفي معظم الأحوال كان يتناولها الكثير من التغييرات على يدِ من تسلموها. ويستطيع القَصَّاص الماهر أو الشاعر ذو الخيال الخصب أن يضيف إليها بعض اللمسات هنا وهناك، يتقبَّلها الناس في بيئته بصدرٍ رحب. وهكذا يحدث عادة أن مختلف روايات الأسطورة الواحدة التي تُروى في عدة أماكن مختلفة، بصورٍ يختلف كل منها عن الآخر. وأحيانًا يتناول شاعر عظيم، مثل هوميروس، أسطورةً ما، ويرويها بطريقته الخاصة، وبعد ذلك تغدو روايته تلك هي ما يتقبَّله كل فرد، وبواسطة أمثال أولئك الشعراء العظام، سرعان ما وصلتِ الأساطير أخيرًا إلى مرحلة تدوينها.

لجميع الأمم أساطيرها، ورغم إمكان تتبُّع مشابهة بين هذه الأساطير، فإنها تختلف في تفاصيلها حتى لتكون في مجملها مجموعة عجيبة من القصص. كما أن عملية خلق أساطير جديدة لم تتوقف أبدًا بين القبائل البُدائية في العالم. وهناك أساطير لم تدوَّنْ حتى الآن. فمثلًا تجد دارسي الأساطير يعيشون بين هنود أمريكا؛

كي يسمعوا من شفاه حكمائهم وشعرائهم تلك القصص التي يفسِّر بها الرجل الأحمر العالمَ حوله.

•••

لماذا ندرس الأساطير؟ ندرسها لأربعة أسباب على الأقل:

ما زالت هذه الأساطير تُدرس حتى الآن؛ لأن لها تأثيرًا عميقًا على جميع الآداب العظمى، وإنه لحقيقي أن الأساطير الإغريقية والرومانية قد أثرت تأثيرًا عميقًا، ولا سيَّما في الأدبين الإنجليزي والأمريكي. وقد أُعجب كتَّاب اللغة الإنجليزية العظام بالقصص التي حكاها القدماء. وقلما نستطيع فهم شكسبير، أو ملتون، أو كيتس، أو لويل، دون أن نُلمَّ بأساطير الأغارقة والرومان.

كذلك تلعب آلهة الأساطير وأنصاف آلهتها وأبطالها أدوارَهم أيضًا في الموسيقى. فكلمة «موسيقى» نفسها، تذكرنا بفضل الموزيات. وتروي كثير من الأساطير كيف اختُرعت أوَّليَّات الآلات الموسيقية لأول مرة. وهناك مؤلفات عديدة للعروض الموسيقية والصوتية أوحتْ بها الشخصيات القديمة التي تُروَى قصصها في هذا الكتاب.

كانت قصة أورفيوس ويوريديكي أول أوبرا كُتبت. ومنذ ذلك الحين صارتْ موضوعًا محبوبًا لدى المؤلفين الموسيقيين، وربما كان أشهر تناوُلٍ لهذه القصة هو ما ألَّفه جلوك، ويضم القطع المشهورة التي تُعزَف على آلة واحدة، والتي تُعزَف على آلتين، والتي يُغنِّيها شخص واحد، والتي يغنيها شخصان: لقد فقدت محبوبتي يوريديكي، وأورفيوس ويوريديكي. ومن القصص الأخرى التي جذبَتْ إليها الموسيقيين: قصص ميديا، وجاسون وإيفيجينيا. ومن المؤلفين الذين اقتبسوا الأفكار من علم الأساطير: ماسنيت، وأوفنباخ، وبورسيل.

ربما كان أعظم عباقرة الموسيقيين جميعًا، الذين اتخذوا موضوعاتهم من بيت الكُنوز الأسطورية هو ريتشارد واجنر، الذي استخدم أساطير وطنه في كثيرٍ من أوبراته، وخصوصًا قصة سيجفريد. ويحكي النصف الثاني من دورة الأوبرات الأربع، وهو حلقة نيبلونج، وتتضمن مغامرات ذلك البطل العظيم.

وزيادة على ذلك، فإن للأساطير تأثيرًا قويًّا على الفنون الأخرى؛ فقد فعل عظماء المصورين والنحاتين، في جميع العصور، مثلما فعل الموسيقيون؛ إذ وجدوا في هذه الأساطير القديمة إيحاءً لأجمل أعمالهم. وإن الصور التي تضمُّها صفحات هذا الكتاب لَتَشهد بفصاحة على هذا الإيحاء.

ثم إن القصص في حد ذاتها، كثيرًا ما تكون جميلة ومسلية؛ فهناك قصص ما زالت تستهوي خيالَنا حتى اليوم؛ إذ نجد فيها نواةً للحقائق المكنية، ولكنها تُقرأ لغرض التسلية ولخططها الرائعة وشخصياتها البعيدة الصيت.

وأخيرًا هذه الأساطير حلقةُ اتصال هامَّة بالماضي. وكثيرًا ما تكون هي المصدر الوحيد لمعارفنا عن الكيفية التي نظَر بها أسلافنا الأقدمون إلى العالم حولهم، وكيف فسروا ظواهره العديدة. وكذلك، كثيرًا ما ندهش لنجد أنه بسببِ استخدام الأقدمين لفكرة معينة لتفسير لُغزٍ من ألغاز الطبيعة. وربما أنه لا تزال لدينا كلمة تحتفظ بتلك الفكرة. واللغة الإنجليزية زاخرة بالمصطلحات التي يرجع أصلُها إلى تلك الأساطير القديمة، والتي لا يمكن تفسيرها إلا بدراسة تلك الأساطير. فمثلًا الكلمة «جانيتور» الشائعة الاستعمال، ترجع إلى جانوس الإله ذي الرأسين، حارس الأبواب، الذي عَبَدَه الرومان، وكذلك كلمة «يونية» مشتقة من «جونو» ملكة الآلهة عند الرومان، بينما اشتق «يوم الخميس» من «ثور» إله الحرب لدى القبائل الجرمانية القديمة. وإننا

لنمتدح الطعام بقولنا: «طعمه كالعسل» الذي كان طعام آلهة جبل أوليمبوس. كما أن فكرتنا عن العالم السفلي لَتُشبه كثيرًا فكرة هوميروس وفرجيل. هذا وإننا مقيدون بالماضي في عدة نواحٍ، ومن الخير أن ندرس الأساطير القديمة، حتى نستطيع أن نفهم عصرنا نفسه.

•••

توجد الأساطير في جميع أنواع الكتابات. فهناك أولًا المستندات القديمة التي كُتبت فيها أولًا. فإذا قرأ الإنسان هوميروس أو فرجيل أو أوفيد، استطاع أن يجد الأساطير بالصورة التي تبلورت فيها بين الأقوام الذين ألَّفوها. وبنفس هذه الطريقة نجدها في الإداس للشعوب السكندناوية، وكُتب الشرق المقدسة. وتمدنا المؤلفات المشابهة بأساطير الأمم والأجناس الأخرى.

وكثيرًا ما جمع الدارسون في عصورٍ لاحقة، قصصًا قديمة، فقد روى جوفري الذي موطنه مونموث، وهو كاتب إنجليزي من القرن الثاني عشر، روى بعض الأساطير التي حكاها الكلت عن حاكمهم الملك «آرثر» وفرسانه الذائعي الصيت. وفي العصر الحاضر يجمع الدارسون قصص الهنود الحمر والإسكيمو والقبائل الأفريقية، ورجال أدغال أستراليا.

وعلاوة على هذا، يستعمل شعراء جميع الأمم وقصَّاصُوهم الأساطير في أغراضٍ شتى، فيعيدون روايتها بلغتهم شعرًا ونثرًا، وفي القصص القصيرة وشعر الملاحم والمسرحيات. فهذا «دانتي» يستعمل «يولوسيس» البطل الإغريقي، فيروي جزءًا من قصته في جحيمه «إنرفرنو». ويعيد شكسبير صياغة حلقات معينة من الحرب الطروادية في «ترويلوس وكرسيدا». ويروي «جوتيه» قصة إيفيجينيا في تاوريس. ويروي راسين قصة أندروماخي، كما يروي وليم موريس في ملحمة مطوَّلة مغامرات جاسون؛ بحثًا عن الجزة الذهبية. وبالمثل كُتبت عدة روايات عن هيلين الطروادية، ومغامرات الملك آرثر وفرسانه.

غير أن الشعراء يجدون استعمالًا آخر للأساطير في تلميحاتهم وإشاراتهم وتشبيهاتهم، وغير ذلك من الصور البيانية والبديعية. ونذكر في هذا الكتاب مئات السطور لتوضيح هذه الحقيقة، ولكن بوسع المرء أن يبرهن على هذا؛ بالرجوع إلى مؤلفات أي شاعر إنجليزي تقريبًا، وإلى نثر بعض الكتاب أمثال تشارلز لام، وجون روسكين؛ إذ تلمع صفحات ما كتبوه بأسماء شخصيات من الأساطير الإغريقية والرومانية.

كذلك نجد في الإعلان إشارات عديدة إلى الأساطير؛ فقد تُسمَّى سيارة ما باسم ربة رومانية، وقد يوضع اسم عداء سريع على «رادياتير» سيارة. وقد يَحمل نوعٌ من مواد اللحام اسم عملاق قديم، أو يحمل قلمٌ رصاص اسمَ ربة الحب الرشيقة، أو تُسمَّى عملية معالجة إطارات السيارة باسم رب كير الحداد. ومن الممتع ملاحظة الكيفية التي يستخدم بها كُتَّاب الإعلانات تلك القصص القديمة.

أضف إلى كل ما سبق أن صياغة الأساطير ما زالت تستهوي الكتّاب المحدثين. فهم لا يؤمنون، كما فعل قدامى مؤلفي الأساطير بالقصص التي يروونها، ولكن يسرُّهم خَلْقُها، كما يُسَرُّ بها قراؤهم أيضًا. فهذا جويل تشاندلر هاريس يضعُ الأساطير في فم شخصيته «العم ريموس». وهذا لورد دنساني يروي قصص آلهة بيجانا من تأليفه هو نفسه. وكل فرد يعرف بيتر بان الشهير للسير جيمس م. باري، ويذكرنا هذا الاسم برب الطبيعة الإغريقي بان.

بعض التعاريف

الأسطورة: هي رواية أعمال إلهٍ أو كائنٍ خارق ما. تقص حادثًا تاريخيًّا خياليًّا، أو تشرح عادة أو معتقدًا أو نظامًا أو ظاهرة طبيعية (وبستر). وللأجناس أو الأمم أو القبائل أو الأماكن أساطيرها الخاصة.

الميثولوجيا: هي نظام الأساطير كما يرويها جنسٌ معين. كما يعني هذا اللفظ أيضًا دراسة الأساطير بصفةٍ عامة، أو علم الأساطير.

تعدد الآلهة: هو الإيحاء بوجود عدَّة آلهة كما نجد في جميع علوم الأساطير. ويمكن تخيل هذه الآلهة في صورة بشرية (كما لدى الأغارقة والرومان)، أو في صورة حيوان وإنسان معًا (كما لدى قدماء المصريين)، أو كمخلوقات خرافية (كالتنين الصيني).

كيف بدأ العالم تبعًا لقدامى الأغارقة

مجيء الآلهة

في البدء كان هناك الهيولى، وهو فضاء واسع مضطرب مائج. لم تكن هناك حدود للدنيا، لم يكن بها سطح، ولا محيط لذلك السطح.

كان الهيولى كله فوضى، ولكن جميع الأشياء الموجودة وقتذاك مختفيةٌ في ذلك الهيولى.

وتدريجيًّا، وبعد انصرام عدة عصورٍ طويلة، كف الهيولى عن أن يكون مجرد ظلام وفوضى، فقسم نفسه كائنَيْن ضخمين، أي إلى إلهين عظيمين، هما: جايا أو الأم الأرض وأورانوس، أو السماء المخيمة فوق الأرض، غير أنه بَقِيتْ هناك ذكرى مستديمة للهيولي، ولا تزال باقية في الليل، ذلك الظلام الغريب الذي يعيشُ فيه الهيولى.

لما تزوج أورانوس جايا، أنجبا عدة أولاد، بعضهم جميل جدًّا، والبعض الآخر وحوش عمالقة مفزعون. أُطلق على النوع الأول اسم «تيتان»، وهم اثنا عشر تيتانًا ضخام الأجسام ذوي قوة جبَّارة يُشبهون البشر، ولكنهم أضخم منهم بكثير، ومن أشهرهم: أوقيانوس ونيثيس اللذان حكَما البحر، وهيباريون وثيا إلها الشمس والقمر، وريا التي عُرفت فيما بعد باسم «الأم العظمى»، وثيميس حارس القانون والعدل، ونيموسيني ربة الذاكرة، وكرونوس أصغر هؤلاء جميعًا وأقواهم. كان العمالقة المتوحشون الذين أنجبَهم أورانوس وجايا نوعَيْن؛ ثلاثة من هؤلاء لكل واحدٍ منهم مائة يد، وثلاثة آخرون لكل واحد منهم عين واحدة في وسط رأسه تمامًا، وأُطلق على النوع الأول «هيكاتو نخيريس»، أي العمالقة ذوو المائة يد، والثاني «سيكاوبس» أي العمالقة ذوو العين الواحدة.

مقت أورانوس جميع أولاده ولا سيما العمالقة الستة الذين كان يمقتهم أكثر الجميع؛ ولذا حبسهم في المناطق السفلى من الأرض المسماة تارتاروس. أما الأم الأرض، التي لم تمقت أي واحد منهم، فغضبت لحبس أولادها الستة، فاستدعت التيتان ليساعدوها ضدَّ أبيهم، فلم يساعدها أي واحدٍ منهم باستثناء كرونوس، الذي يعتقد الرومان أنه إلههم ساتورن، فأخذ منجلًا حادًّا وذبح به أباه. فنشأ من دم أورانوس العمالقة الذين هم أشبه بالبشر منهم بالآلهة، وكانوا يلبسون جلود الحيوانات البرية، واشتهروا بأنهم مقاتلون متوحشون، كما نشأت من دمه الفوريات، أو اليومينيديس اللواتي كانت شعورهن ثعابين تتلوى.

لما تغلب كرونوس على أبيه، قبض على زمامِ حكم العالم، فتزوج ريا، وقسم إمبراطوريته بين زملائه التيتان. أما حكمه هو نفسه فانتهى في الوقت المناسب، وخاف أن يصيبه ما أصاب أباه فيلقى نفس حتفه. وعلى ذلك كان يبتلع كل طفل يُولد له، عند ولادته مباشرة. أنجب ثلاثة أبناء هم بلوتو ونبتيون وجوبيتر، وثلاث بنات هنَّ فيستا وكيريس وجونو. ظن كرونوس أنه ابتلع جوبيتر كما ابتلع سائر الباقين، ولكن

الواقع أنه لما جاء دور ولادته، وهو أصغر الأولاد، استعاضت ريا بدهائها بحَجَرٍ بدل الطفل.

نُقل جوبيتر سرًّا إلى جزيرة كريت، حيث قامت بتغذيته الحوريتان إديا وأدراستيا بلبن العنزة أمالثايا. ولما اكتمل نمو جوبيتر وبلغ من القوة أقصاها، عزم على أن يهزم كرونوس. وبمساعدة جايا، أجبر كرنوس على أن يتقيأ أولاده الخمسة الذين ابتلَعَهم. فلما خرج هؤلاء ساعدوا جوبيتر في شنِّ الحرب على ذلك الإله العجوز، فانضم جميع التيتان تقريبًا إلى جانب كرونوس، بينما انضمَّ إلى جانب جوبيتر، ليس إخوته وأخواته فقط، بل وكذلك العمالقة ذوو المائة يد وذوو العين الواحدة، الذين حبسهم كرونوس مثل أورانوس في تارتاروس. ولكي يكافئ الكوكلوبس جوبيتر على إطلاق سراحهم، صنعوا له الصاعقة والبرق، بينما زوده العمالقة ذوو المائة يد بسلاح الزلازل.

وقف الآلهة العجائز على جبل، بينما وقف الآلهة الصغار على جبل آخر، واستمرت الحرب بينهم عدة عصور. وكلما قامت معركة بينهم، اهتزَّت الأرض تحت أقدام أولئك الآلهة المتحاربين، ودوى الهواء بصوت صيحات المعارك الضارية، فأخذ جوبيتر يقذف صاعقة بعد أخرى، واشتعلت النار في الغابات وعلا لهيبُها، وغلت مياه الأنهار وفارت، واحترقت السماء نفسها. وأخيرًا لم يستطع التيتان الصمود أمام قوة جوبيتر بعد ذلك. فقذف بهم إلى وسط النيران من حِصنهم الجبلي، ولما حاولوا الفرار طاردهم الآلهة الصغار، وتغلبوا عليهم. فسجن جوبيتر معظم التيتان في تارتاروس، وكلف ابن أحدهم، ويسمى أطلس، بأن يحمل الدنيا فوق كتفيه إلى الأبد. وكان ولَدَا تيتان آخر، وهما بروميثيوس وإبيميثيوس، قد رفضا حمل السلاح ضد جوبيتر، فأفلتا من السجن، ولمدةٍ ما كان بروميثيوس المستشار الأول لجوبيتر.

قسم الآلهة الدنيا فيما بينهم، فأخذ جوبيتر (وهو زوس عند الإغريق، كما سماه الرومان جوف أيضًا) السيادة على الآلهة والبشر، وكان يحكم كملك على حصنهم الجبلي، وهو جبل أوليمبوس. فاختار جوبيتر جونو (هيرا الإغريقية) لتكون زوجته، وعهد إلى نبتيون (بوسايدون الإغريقي) بحكومة المحيط، وإلى بلوتو (ويطلق عليه هاديس أحيانًا) بحكم العالم السفلي، وصارت فيستا (هستيا الإغريقية) ربة الوطيس والمنزل، وصارت كيريس (ديميتير الإغريقية) ربة الزراعة.

وفي تلك الأثناء ظهرت الأجناس البشرية على سطح الأرض، وكما تروي القصص، تعاقبتْ عدة أجناس من البشر. ففي عصر كرونوس الذهبي كانت الحياة ربيعًا أبديًّا، وأخرجت الأرض ثمارها بوفرة، حتى إنه لم تكن هناك حاجة على الإطلاق للكد والكدح. وكان الناس سعداء وخيرين، تأتيهم الشيخوخة بطيئة متثاقلة. وكانوا يعيشون في الخلاء في صفاءٍ لا يعرفون التشاحُن ولا الفقر. فإذا ما جاءهم الموت أخيرًا أقبل في صورة نوم هادئ يستغرقون فيه.

بعد ذلك جاء العصر الفضِّي، فخلق جوبيتر الفصول، وجعل العمل ضروريًّا، وساد الجوع والبرد، فاضطر الإنسان إلى بناء البيوت، وأبدى الإنسان شجاعة وجرأة في ذلك العصر، ولكنه تغطرس في معظم الأحوال، ولم يقدم الاحترام اللائق للآلهة.

وبعد العصر الفضي جاء العصر البرنزي، وفيه تعلم الإنسان استخدام الأسلحة، فحارب بعضهم البعض الآخر. وأخيرًا جاء العصر الحديدي، وهو عصر الإجرام وعدم الشرف، فكفر البشر بنعم الآلهة وأساءوا استعمال تلك النعم، وانغمسوا في الوضاعة والانحطاط.

ارتبطت قصة بروميثيوس العجيبة بتاريخ البشرية، في تلك العصور المبكرة. ومعنى اسم هذا التيتان «التفكير المسبق» أو «بُعد النظر»، كما يعني اسم إبيميثيوس «التفكير المتأخر» أو «النظر المتخلف». وبمعنًى آخر كان بوسع بروميثيوس، بقوة ذهنه، أن يتنبأ بما سوف يحدث. وقد اختير بروميثيوس مستشارًا لجوبيتر لفترةٍ ما. وكان جوبيتر يعتمد عليه وعلى مساعدته في كثيرٍ من الأمور. ومع ذلك فبمرور الزمن نشِب عراك بينهما بسبب البشر؛ فعندما أبصر جوبيتر كيف سقط البشر من عليائهم السابقة في العصر الفضي، اكتسحهم من فوق وجه الأرض، واعتزم خلقَ جنسٍ جديد، وطلب مساعدة بروميثيوس. فأخذ ذلك التيتان طينًا من شواطئ نهر في أركاديا، وجعله على صورة الآلهة. ونفخ نفَس الحياة في تلك التماثيل التي صنعها، وهكذا وُلد جنس جديد.

بيد أن أولئك الناس كانوا أضعف من جنس البشر في العصرين السابقين، وجاءوا إلى أرضٍ تطلب المزيد منهم أكثرَ مما سبق أن طُلب من البشر. كان عليهم أن يُناضلوا ضد تغيرات الطقس. وما كانت الأرض لتخرج لهم طعامًا إلا إذا فلحوها من قبل، وأحاطت بهم وحوش ضارية. وكان يبدو أن هذا الجنس سيهلك إلا إذا جاءته مساعدة من ناحيةٍ ما.

أطل بروميثيوس إلى أسفل نحوهم، فرأى ما يحدث، وقال لجوبيتر: «هيا بنا نعطي هؤلاء القوم المساكين نعمة النار المباركة، فبواسطتها لن يخافوا البرد، وبواسطتها يمكنهم أن يصنعوا لأنفسهم أسلحة وأدوات.»

ولكن جوبيتر خشي أن يعطي البشر نعمة عظيمة كهذه؛ لئلا يظن معشر البشر أنهم مساوون للآلهة، وعلى هذا رفض إجابة طلب بروميثيوس، فحزن ذلك التيتان حزنًا شديدًا، وقرر أخيرًا ألا يقيم مع جوبيتر، بل يسكن مع البشر. وهكذا غادر أوليمبوس، وحمل معه هدية النار مخبأة في بوصة، وعلّم البشر كيف يمكنُهم بواسطة النار أن يصنعوا أسلحة يقتلون بها الحيوانات المفترسة، ويلاقون بها أعداءهم، وكيف يصنعون بالنار الأدواتِ اللازمة لجميع الحرف والمهن. وبناءً على ذلك، ففي هذا العصر خُلط القصدير مع النحاس لأول مرة، وصُهرا في الأتون فنتج عنهما البرنز. كما علمهم كيف يُخضعون الثور والحمار والحصان، وعلمهم بناء السفن وحساب مدار السنة، وكيف يكتبون ويحسبون ويعالجون الأمراض.

بائنة باندورا وعقاب بروميثيوس

وهكذا عاش البشر في رغد من العيش وبذخ، وكلما زاد ازدهارهم زاد غضب جوبيتر، وأخيرًا استقر على خطة خبيثة للتغلُّب على بروميثيوس، وبمساعدة ابنه فولكان (هيفايستوس الإغريقي) سيد كير الحدادة، ومساعدة الآلهة الآخرين صنع امرأة فاتنة الجمال، اسمها باندورا (كلمة إغريقية معناها «جميع الهدايا»)، ومنحها كل واحد من الآلهة نعمة من الجمال، وأرسلها إلى بروميثيوس، وأرسل معها جرة كبيرة كالتي يُخزّن فيها الزيت، وأحكم إقفال هذه الجرة، فاشتبه بروميثيوس في وجود خدعة من جانب جوبيتر، فرفض قبول المرأة والجرة، فما كان من جوبيتر إلا أن أرسلها

إلى إبيميثيوس، الذي سبق أن حذره أخوه من أحابيل جوبيتر، ولكنه ما إن رأى تلك المرأة ذات الجمال الفائق، حتى غلب على أمره، فقبلها زوجة له.

عندما سأل إبيميثيوس باندورا عما بالجرة، قالت: «إنها بائنتي» وكسرا معًا ختم الجرة وفتحاها، وعلى الفور طارت منها سحابة من الشرور؛ جميع الأمراض والمصائب والهموم التي تصيب البشر. فحاوَلَا إعادة الغطاء مكانه، ولكن بعد فوات الأوان، غير أنَّ روحًا واحدة بقيت في الجرة «هي الأمل».

وبالطبع لم يقنع جوبيتر بنتيجة خطته هذه، لقد تأكَّد من إصابة البشر بأضرار وهموم كثيرة، ولكن بروميثيوس ما زال بغير عقاب. فأمر عملاقَيْن بأن يقبضا عليه، كما أمر فولكان الذي أطاعه على مضضٍ بأن يشدَّ وثاق بروميثيوس إلى صخرةٍ عاتيةٍ في جبال القوقاز. ترك بروميثيوس هناك، حيث يأتي نسر ضخم (ويقول البعض إنه طائر جارح آخر)، فينهش بالنهار جزءًا من جسمه، وفي كل ليلةٍ ينمو ذلك الجزء، فيغدو جسمه كاملًا كما كان.

قال له جوبيتر بلهجة الأمر: «اخضع لي أطلق سراحك.»

ولكن بروميثيوس لم يخضع قط لجوبيتر، ولم يتنازل عن حبِّه للبشر وولائِه لهم. وزيادةً على ذلك نظر إلى المستقبل، فرأى أنه سيأتي إليه في يومٍ ما من يخلصه، وسيكون ذلك المخلِّص من ذرية جوبيتر نفسه. كما رأى أيضًا أن جوبيتر سيُهزم في يومٍ آخر، وأن الإله المنتصر، وهو الإله الحقيقي سيثبت حاكمًا على الكون؛ ولذا تحمل آلامه في صبرٍ دون أن يتململ.

وفي تلك الأثناء، قرر جوبيتر أن يتخلَّص من البشر جميعًا بطوفانٍ عظيم. فحذر بروميثيوس ابنه ديوكاليون من مجيء هذا الطوفان، فاختبأ الابن مع زوجته «بيرها» فوق جبل بارناسوس، فلما غمرت الفيضانات المائجة الأرض وجميع سكانها، نجا هذان الزوجان؛ لأن جوبيتر أشفق عليهما على الأقل، وتذكر حياتهما التي لا غبار عليها.

عندما انحسرت المياه لجأ ديوكاليون وبيرها إلى معبد للآلهة، حيث كلمهما صوت خفي غامض قائلًا: «أعيدوا تعمير الأرض بالسكان من عظام أمكما.» ففسر ديوكاليون هذا القول بأنه يعني الحجارة، فغطى هو وامرأته رأسَيْهما، وأخذا يرميان الحجارة خلف ظهريهما وهما سائران. فالحجارة التي رماها ديوكاليون صارت رجالًا، والتي رمتها زوجته صارت نساء. فكان هؤلاء تبعًا للأساطير القديمة، أسلاف جميع سكان الأرض اليوم. وصار ديوكاليون ملكًا على أولئك القوم، فعلمهم كثيرًا من الفنون النافعة.

آلهة السماء على جبل أوليمبوس

هناك سلسلة جبال في الجزء الشمالي من بلاد الإغريق تفصِل بين منطقتي مقدونيا وتساليا. وعلى الطرف الشرقي من سلسلة الجبال هذه يقع جبل أوليمبوس البالغ ارتفاعه عشرة آلاف قدم، وتكسو الثلوج قمته باستمرار. ويعتقد قُدامى الإغريق أن جوبيتر حارب قوة كرونوس على هذا الجبل. ولما استقر الحكم لجوبيتر صار يعقد اجتماع بلاطه على هذا الجبل. وكان يرأس مجالس الآلهة، ويسكن قصرًا فخمًا بقربه قصور الآلهة الهامة الآخرين، كانوا يأتون إلى جوبيتر كل يوم، ويجلسون حوله في اجتماعٍ يتصف بالجدية، وأحيانًا يرقص الآلهة الصغار أمامه، ويسلّونه بأغانيهم. كان طعامهم الأمبروسيا وشرابهم النكتار (الرحيق). وكان يفصلهم عن نظر البشر من السحب تحرس بابه الساعات.

يُعتقد أن بعض الآلهة الآخرين يقيمون في ذلك البيت السماوي، كما كان المعتقَد أن بعض الآلهة كانوا آلهة الطبيعة أو الأرض نفسها، والبعض الآخر آلهة العالم السفلي. وسنتكلم عن كل مجموعة من مجموعات الآلهة الثلاث هذه، كلٌّ بدورها.

جوبيتر وجونو وفيستا

أقام أولاد كرونوس دائمًا على جبل أوليمبوس، ولو أن رسائلهم جعلتهم يزدرون البشر.

فجوبيتر المسمى «أبو الآلهة والبشر» هو مؤسس سلالة ملكية، وحامي الحكام ومشرِّع القوانين والنظام والعدل، فخصص لكل إنسان نصيبه الأرضي من الأحزان والرخاء. كان مسلحًا بالرعد والبرق، وإذا هز درعه قامت العواصف. وكان جوبيتر إله الطقس وخصوصًا المطر، ويقبع أمامه نسر ضخم انتظارًا لأن يكون رسوله. وكرست له شجرة البلوط التي هي ملكة الأشجار. وكان البعض يعتقدون أنهم إذا أصغَوْا إلى حفيف أوراق شجرة البلُّوط استطاعوا التكهن بنوايا جوف.

كانت تجلس إلى جانب جوبيتر زوجته ورفيقته جونو. فإذا ما تكلمت بما يجول بخاطرها، أصغى إليها جوبيتر بكل احترام، وكانت تعلم كل أسراره. ومع ذلك كانت أقل منه قوة، وعليها أن تطيعه. كانت ربة الزواج وكان منظرها منظر امرأة فائقة الجمال بالغة العظمة، متوسطة العمر، ذات جبهة عريضة وعينين واسعتَيْن ساحرتَيْن، وملامح تنمُّ عن الجد والرزانة، وتدعو إلى التوقير، وتزين رأسها بتاج وخمار تسدله خلف رأسها، وكرس لها الطاووس بريشه الجميل، والكوكو بشير الربيع. وتلازمها باستمرار إيريس ربة قوس قزح. لم تكن جونو محبوبة كثيرًا، وتميل إلى الغيرة على جوبيتر، فاضطهدت معشوقاته وعاقبتهنّ.

أما فيستا شقيقة جوبيتر فكانت ربة البيت والوطيس، وحارسة حياة الأسرة. وقد غازلها الكثيرون من الآلهة، ولكن جوبيتر قرر أنها يجب أن تظل طول حياتها بغير زواج. وكانت نارها المقدسة تتأجج فوق كل وطيس. ولما كانت كل مدينة وكل قرية عبارة عن أسرة واحدة عظيمة، كان في كل مجتمعٍ قديمٍ من المجتمعات الرومانية

الإغريقية وطيسٌ عام تتراقص فيه ألسنة اللهب، لهب فيستا المقدس، وترعاه كاهناتها العذارى الفيستاويات. وإذا خرج المهاجرون لتأسيس مستوطَن جديد، أخذوا معهم جزءًا من تلك النار، واستعملوه في إشعال لهب الوطيس في بيوتهم الجديدة.

أولاد جوبيتر وجونو

كان إله الحرب مارس (أريس الإغريقي) من أهم الآلهة، وهو ابن جوبيتر وجونو. كان يفرح بالمعارك والمجازر، فيظهر في كامل عُدَّته الحربية تتأرجح فوق خوذته قُبَّرة، ويركب غالبًا جوادًا عاليًا، أو في عربته الحربية التي تجرُّها أربعة جياد تنفث النار، وترافقه الكلاب المفترسة والطيور الجارحة. وشعاره الرمح ومشعل متَّقد، ويُعرف أولاده بهذه الأسماء: الفزع والرجفة والذعر والخوف.

ومن أبناء الآلهة الملكية: فولكان السابق ذكره كإله كير الحداد، وكان يشرف على النار في شتى مظاهرها، من نار الحداد إلى البركان، وعلى الأخص النار في استعمالاتها العملية. وكان هو نفسه صانعًا ماهرًا، وحامي الصناع. وكانت جميع قصور جبل أوليمبوس من صنع يده. وكان مصنعه يقع عادةً على جزيرة بركانية، كجزيرة إثنا مثلًا، فإذا ما ثار بركان إثنا، قال السكان المجاورون: إن فولكان يعمل. وتقول أسطورة إنه حاول ذات مرة أن يتدخل في عراكٍ بين جونو وجوبيتر، فاشتد غضب جوبيتر، وأمسك به وقذفه من السماء، فظل يسقط طول النهار، وعند غروب الشمس، سقط فوق جزيرة لمنوس، فصار أعرج من ذلك الحين. وصُوِّر كرجلٍ قويٍّ ذي لحية، يمسك في يده مطرقة أو آلة أخرى. وكان يلبس قبعة بيضاوية الشكل، بينما كتفه اليمنى وذراعه اليمنى عاريتان.

ومن بنات جوبيتر وجونو: هيبي ربة الشباب، وحاملة الكأس لدى الآلهة. وفي عصورٍ لاحقة تزوجت البطل العظيم هرقل، وحل محلها في وظيفتها كحامل كأس عند الآلهة، الشاب جانيميدي، الذي خطفه نسر جوف من سهول طروادة.

أولاد جوبيتر الآخرون

كان لجوبيتر أولاد آخرون كثيرون، منح بعضهم وظائف هامة يقومون بها.

ولدت لاتونا (ليتو الإغريقية) لجوبيتر توءمين، عهد إليهما أبوهما بمهمة الشمس والقمر.

فويبوس أبولو إله الشمس، الذي صُوِّر يقود العربة الملتهبة لنور النهار خلال السماء، كما كان إله الغناء والموسيقى والتنبؤ، وكان يقود كوروس الموزيات، وهن العذارى التسع، بنات جوبيتر والتيتانة نيموزيني المشرفة على الذاكرة. وينسب إلى أبولو اختراع الناي والقيثارة. ومن القوس النارية التي يحملها، تخرج السهام الملتهبة للطاعون والوباء، ومع ذلك؛ فقد كان أيضًا رب الشفاء، ووالد إسكولابيوس أول الأطباء.

وأخته ديانا (أرتيميس الإغريقية) ربة القمر، التي تقود عربتها الفِضية عبر السماء ليلًا. وكانت كأبولو تتسلح بقوسٍ وجعبة سهام، ويُنسب موت البشر الفجائي إلى

سهامها. كما كانت ربة الشفاء والصيد، وتصور غالبًا كصيادة ترافقها كلاب الصيد، وإلى جانبها رأس خنزير بري. كما تصور أحيانًا في عربتها التي تجرُّها أربعة خيول ذوات قرون ذهبية. وكانت حامية العفة لدى النساء، وكربة للقمر، كانت تظهر مرتدية ثوبًا يصل إلى قدميها، وخمارًا أبيض على رأسها، ويرتفع فوق جبينها هلال.

كانت ديوني ابنة أوقيانوس وتيثيس، وهما من التيتان الذين سبقوا نبتيون في حكم المحيط. ولدت لزوس ربة الجمال فينوس (أفروديتي الإغريقية). وتقول بعض الأساطير إن فينوس ولدت زبد البحر، وأن الأمواج حملتها أولًا إلى جزيرة كينيرا؛ ولذا تسمى أحيانًا «المولودة من الزبد»، وأحيانًا أخرى «الكيثيرية» تفوّقت في جمالها على كافة الآلهة والبشر، وزيادةً على ذلك كانت لها القدرة على أن تمنح غيرها الجمال. وكانت تملك زنارًا سحريًّا إذا منحته واحدة من الربات أو من النسوة البشريات، صارت تلك الربة أو المرأة في الحال موضوع حب ورغبة. أما زوجها فهو فولكان الأعرج، وكرس لها الريحان البري والورد، وتجر اليمام عربتها، وصورت غالبًا مع ابنها كيوبيد (إيروس الإغريقي) الذي كان يحمل سهامًا من نوعَيْن؛ سهامًا أسنتها من الرصاص، وهذه تجلب البغضاء، وسهامًا أسنتها من الذهب، وهذه تثير عاطفة الحب.

مينيرفا (بالاس أثينا الإغريقية) قال الأغارقة: إنها خرجت من رأس جوبيتر كاملة التسلُّح وكاملة النمو. وربما كانت هذه الأسطورة كناية عن المملكة التي حكمتها مينيرفا؛ لأنها كانت ربة الحكمة، كما كانت المحافظة على الولايات والحكومات، التي ترعى من يُظهر الحكمة من الحكام. وكذلك كانت حامية الفنون الجميلة. تجد متعة خاصة في النسج، وتُصوَّر عادة تحمل عصا، وتلبس درعًا تسمى أيجيس، وقد علقت على هذه الدرع رأس وحش يسمى الجورجونة. وهذه الجورجونة امرأة شعرها من الثعابين، ولها القوة على تجميد من ينظر إليها، وتحوله إلى حجر، ومثل ديانا، تشرف مينيرفا على الفتيات العذارى.

أطلس، التيتان الذي يحمل على كتفيه ثقل السماء، وله سبع بنات يسمين بلياديس، اللواتي تبعًا للأسطورة الإغريقية، نُقلن إلى السماء كنجوم تسمى كُبْراهن مايا، التي وُلد لها ولجوبيتر ابن يُسمى ميركوري (هرميس الإغريقي) الذي يتصف بخليطٍ بالغ الغرابة من الصفات، فأهم وظيفة له هي أنه رسول الآلهة. وكانوا يسمونه «ميركوري الطائر القدمين»، وحتى عندما كان طفلًا، كان له ميل إلى اللصوصية، وكان حامي اللصوص وغيرهم من الأنذال. وكرسول للآلهة صار حارس المسافرين، وكحاجب للآلهة صار رب الخطابة. وهو الذي يقود أشباح الموتى إلى العالم السفلي، وكانت جميع الملاعب تحت إدارته. وأقيمت أعمدة على طول الطرق وعند الأبواب والبوابات تحمل على قمتها رءوسَ آلهة تسمى هرميس، وصُوِّر كشاب رشيق. ومن شاراته قبعة ذات جناحين صغيرين تساعده على التخفِّي عن الأنظار، فلا يراه أحد، وعصا مجدولة بالثعابين تسمى كادوكيوس، هي شعار قوته، وصندل مجنَّح.

صغار آلهة أوليمبوس

تسيطر كل واحدة من الموزيات السابق ذكرهنَّ على ناحيةٍ معينة. فتسيطر خيو على التاريخ، وتسيطر يوتربي على الشعر الغنائي، وثاليا على الكوميديا، وميلبوميني

على التراجيديا، وتربسيخوري على الرقص، وإيراتو على الشعر الغرامي، وبوليهمنيا على الشعر الديني، وأورانيا على الفلك، وكاليوبي على شعر البطولة. وأطلق الشاعر بندار عليهن اسم «التسع ذوات الشعر الفاحم»، وإليهن يصلِّي الشعراء وغيرهم؛ طلبًا للإيحاء.

خضع جوبيتر نفسه للأقدار الثلاث؛ لأن قرارهن يحكم كلًّا من الآلهة والبشر. صُوِّرن يغزلن منسوجًا ضخمًا، ويمسكن مقصَّات يقطعن بها خيط حياة الإنسان حسبما يحلو لهن. كانت كلوثو تقوم بالغزل، وتحدد لاخيسيس لكل إنسان مصيره، ويتحرك المقص القاتل في يد أتروبوس.

وكذلك أقام على جبل أوليمبوس: ديكي ربة العدل، والجراكيات الثلاث، والفصول الأربعة. كما كان أيضًا مسكن تيميسيس روح الغضب والعقاب الحقَّيْن، وفيكتوريا (نيكي الإغريقية) ربة النصر.

اعتقد الإغريق أن الآلهة كانوا يعلنون مشيئتهم للبشر في أماكن معينة، وبوسائل خاصة عن طريق الوُحِيّ (جمع وَحْي). وأشهر هذه الوُحِي: وحي دلفي القائم على جانب جبل بارناسوس، حيث يقوم معبد لأبولو في وسطه الوحي. وبهذا المعبد شِقٌّ في الأرض تتصاعد منه أبخرة بركانية، تجلس كاهنة أو السيبول على ركيزة ثلاثية الأرجل فوق ذلك الشق. وبعد أن تستنشق الأبخرة تتكلم، فيعتبر كلامها وحيَ أبولو. كان بهذا المعبد كنوز ضخمة عبارة عن الهدايا التي قدمها من استشاروا الوحي. وهناك وحي آخر لجوبيتر في غابة أشجار البلوط في دودونا، حيث يتقدم الناس بأسئلتهم، فيجيب عليها حاكم الآلهة والبشر بحفيفِ أوراق تلك الأشجار، ويفسر الكهنة ذلك الحفيف.

قصص جوبيتر ومينيرفا

أوروبا وثورها

كان جوبيتر الشخصية الرئيسية في حلقة غرامية، جرت في ركابها كثيرٌ من الأحداث والنتائج الهامة.

كانت «أوروبا» أميرة آسيوية ابنة ملك فينيقيا، تتألق جمالًا بين تابعاتها العذارى، كما تتألق فينوس بين الجراكيات. فأبصرها ابن كرونوس فوقع في غرامها، فقابلها في صورة ثور قوي جميل المنظر، جاء إلى المرعى المزهر، حيث كانت أوروبا تلعب مع رفيقاتها العذارى، اللواتي عندما أبصرن الثور هرَبْن جميعًا ما عدا أوروبا؛ إذ سلط جوبيتر إيحاءه عليها، فبقيت دون أن يتطرّق الخوف إلى قلبها، وتقدمت نحوه فانخفض لها في رفقٍ وانحنى أمامها، وقدم لها ظهره العريض. ابتسمت الفتاة وقد أغراها الثور، فجلست على ظهره، وما كادت تجلس حتى ارتفع عن الأرض، واتجه نحو شاطئ البحر المجاور، وقفز بها وسط الأمواج.

عبثًا نادت أوروبا على رفيقاتها، وعبثًا توسلت إلى الثور البادي الرقة أن يعيدها إلى اليابسة، ويسمح لها بالعودة إلى أهلها، ولكنه أصمَّ سمعه عن توسُّلاتها، وشرع يسبح بسرعة بضرباتٍ قوية وسط البحر الهادئ أمامه. وما من موجة صغيرة أصابت ثوب الفتاة بالبلَل، وكانت وحوش البحر تقفز حوله، وارتفعت جماعات حوريات البحر من بين الأمواج يحيّينه في مرح.

صاحت الفتاة أخيرًا في فزع تقول: «إلى أين تحملني؟» فأجابها الثور في صوتٍ إلهيّ عميقٍ يأمرها بالشجاعة والجرأة.

قال: «انظري، إنني جوبيتر، اضطرني حبُّك إلى أن أتخذ هذه الهيئة، وسرعان ما ستستقبلنا كريت لتكون حُجرة عرسنا؛ كريت التي وُلدتُ فيها أنا نفسي.»

هكذا قال، وهكذا كان، وباسم هذه الأميرة سُميت قارة أوروبا بأكملها. أنجبت أوروبا لجوبيتر ثلاثة أبناء: مينوس الذي صار فيما بعدُ ملكًا على كريت، ورادامانثوس، وساربيدون. وبعد موت الابنين الأولين، صارا قضاة الأشباح في العالم السفلي.

هذا، وتُروى قصة ممتعة عن مينوس عندما كان حاكمًا على كريت. كان له خادم يُدعى دايدالوس، وكان ميكانيكيًّا بارعًا، وصانعَ معادن، ومخترعًا عبقريًّا، وهو أبو جميع الاختراعات. صمم دايدالوس لمينوس مجموعة من الأنفاق المعقدة والكثيرة التعاريج، تُسمَّى متاهة لابيرينث حبس فيها المينوطور، وهو وحش نصفه لإنسان ونصفه لثور.

وذات يوم غضِبَ مينوس على دايدالوس، فسجنه هو وابنه إيكاروس، فطفق دايدالوس يقدح ذهنه لإيجاد وسيلة للهروب من السجن. وأخيرًا هداه تفكيره إلى أن يصنع زوجًا من الأجنحة لنفسه، وزوجًا آخر لابنه، وثبَّتها على كتفيه وعلى كتفي ابنه، مستخدمًا الشمع كمادة لاصقة، فطار الاثنان بنجاحٍ، وارتفعا في الجو بسرعة، واقتربا أكثر فأكثر من قارة أوروبا، ولكن إيكاروس سُر سرورًا عظيمًا وابتهج، وأخذ يطير إلى فوق عاليًا جدًّا، واستمر في اقترابه من الشمس رغم تحذير والده. وأخيرًا حلق إلى مسافة بعيدة مقتربًا من الشمس، فصهرت حرارتها الشمع، وسقط الجناحان عن

كتفيه، فسقط هو في اليمِّ، وغاص في البحر وغرق. وفيما بعد سُمي البحر الذي غرق فيه بالبحر الإيكاري. أما دايدالوس فنجا وأفلح في هروبه، وعاش مدة طويلة في صقلية.

عندما خطف الثور أوروبا، أمر أبوها أخاها المسمى كادموس، بأن يذهب ويبحث عنها في كل مكان، وبألا يعود إليه إلا بعد العثور عليها. فظل كادموس يبحث عنها شهورًا وسنين دون جدوى، وأخيرًا أمره وحي أبولو بأن يتتبع بقرةً معينة أينما سارت، ويبني مدينة حيث تستقر البقرة. وفي النهاية وقفت البقرة في سهول بانوبي، وإذ أراد كادموس أن يقدم سكيبة للربة مينيرفا، أخذ يبحث عن الماء في كل الجهات المجاورة، وسرعان ما عثر على ينبوع يتدفق منه تيار من الماء النقي الرائق كالبلور، ولكن تنينًا ضخمًا كان يحرس ذلك الينبوع. وما إن غمس خدم كادموس جرارهم في الماء، حتى هجم عليهم التنين، فقتل بعضهم بمخالبِه، بينما سحق البعضَ الآخر بين ثنيَّات جسمه.

بعد ذلك قام كادموس نفسه، وقاتل ذلك التنين وقتله، دون أن يعرف أنه مكرس لمارس. فغضب إله الحرب على كادموس، وأجبر هذا الأخير على أن يخدمه مدة ثماني سنوات. ولما أمرته مينيرفا أن يزرع أنياب التنين، خرج منها رجال مُسلَّحون صاروا من أتباع كادموس. فبنى هناك مدينة طيبة، ويُنسب إلى كادموس هذا ابتكار الحروف الهجائية، وعندما بلغ الشيخوخة تحوَّل هو وزوجته هارمونيا إلى ثعبانين، ولكنه لم يرَ أوروبا مرة أخرى.

قصة أوديب

عندما وُلد للايوس ملك طيبة ابن، حذَّره وحي من أن ذلك الطفل لو تُرك ليكبر، فسوف يعرِّض عرشه وحياته للخطر. وعلى هذا أمر لايوس أحد رعاة ماشيته بأن يأخذ ذلك الطفلَ ويقتله، ولكن الراعي أشفق على الطفل، فثقب قدميه وتركه على جانب جبل، فعثر راعٍ آخر على هذا الطفل، فأخذه إلى بوليبوس ملك كورنثة، فتبناه هذا وسماه أوديب، أي ذو القدم المتورمة.

لما كبر أوديب استشار وحيًا بدوره، فعلم ما أفزعه، علم أنه مقدر له أن يقتل أباه (وظن أوديب أنه سيقتل بوليبوس)، ولكي يتحاشى مثل هذا القضاء، أسرع بمغادرة كورنثة في عربة ومعه خادم واحد، وأخذ يطوف في بلاد الإغريق. وفي يومٍ ما، بينما هو يسير بعربته في طريق ضيق، التقى برجل في عربة أخرى، فأمره هذا الرجل متغطرسًا أن يُفسح له الطريق. ولما رفض أوديب الانصياع لأمره، قفز خادم من عربة ذلك الرجل، وقتل أحد خيول أوديب. فما كان من أوديب، وقد ثارت ثائرته واشتد غضبه، إلا أن هجم على راكب العربة فقتَله. كان ذلك الرجل هو لايوس، وهكذا قتَلَ أوديب أباه دون وعيٍ منه.

لما وصل أوديب إلى طيبة، وجد المدينة في ارتباكٍ عظيم. هناك وحش يُسمَّى سفنكس، نصفه لأسد والنصف الآخر لامرأة، يُوقف كل المسافرين ويقدم لهم لغزًا، إذا لم يجيبوا عنه إجابة صحيحة، قتلهم. أما أوديب فتوجه إلى السفنكس في جرأة دون ما خوفٍ ولا وجل. فسأله السفنكس: «ما هو المخلوق الذي يمشي في أول النهار

على أربع، وفي الظهر على اثنتين، وفي الليل على ثلاث؟» فأجاب أوديب على الفور بقوله: «إنه الإنسان، الذي يحبو على يديه ورجليه طفلًا، ويقف منتصبًا يسير على قدمَيْن، وهو كامل النمو، وعندما يبلغ الشيخوخة في آخر حياته يحتاج إلى عُكَّاز.» فاغتاظ السفنكس، وقذف بنفسه من فوق صخرة عالية، فتهشَّمَتْ عظامه ومات.

فرح أهل طيبة وشكروا أوديب، وأرادوا مكافأته على حسن صنيعه، واعترافًا بجميله، فزوَّجوه ملكتهم جوكاستا أرملة لايوس. فلما أصاب المدينة وباء، واستشاروا عرّافًا أخبرهم بجريمة أوديب وجوكاستا. فلما رأت جوكاستا بشاعة جريمتها انتحرت، وأما أوديب فأعمَى عينيه. وبعد ذلك ظل أوديب عدة شهور يتسوَّل في بلاد الإغريق، تقوده ابنته الوفية أنتيجوني. وأخيرًا أراحته الآلهة من حياته.

كاليستو وابنها

كان في أركاديا فتاة بارعة الجمال تُدعى كاليستو، أحبَّها جوبيتر، فولدت له ابنًا سمياه أركاس، فلما رأت جونو أن كاليستو تتمتع بحبِّ جوف، وأن ابنها الجميل ينمو يافعًا، أكلت الغيرة قلبها، وأخيرًا اشتدَّ غضبها وحسدها وتعدَّيَا كل الحدود، فحولت كاليستو إلى دُب.

أخذت كاليستو تهيم على وجهها وسط غابات أركاديا في صورتها الجديدة البغيضة. لم تجرؤ على الاختلاط بغيرها من الدِّبَبة؛ إذ خافتها كما لو كانت من البشر. ومع ذلك كانت تهرب من الصيادين أيضًا؛ إذ سيطاردونها بمجرد أن يروها، ويقتلونها إن أمكنهم.

ومع هذا لمحت ابنها أركاس ذات يوم، وهو على مسافة بعيدة منها، وقد كبر وصار شابًّا يافعًا، فتغلبت عليها عاطفة الأمومة، ودفعها حبها له وشوقها إليه، إلى أن تتقدم نحوه في مِشْيَة متعثرة، ووقفت على رجليها الخلفيتين، وحاولت أن تعانقه، ولكنه تراجع في خوف مختلط بالدهشة. ولما أصر الدب على ملاحقته، رفع رمحه، وأوشك أن يقتل به ذلك الحيوان الغريب المخيف. وبينما كان الرمح يكاد يخترق صدر كاليستو، نظر جوبيتر من السماء، فأبصر ما يحدث، فأمسك الرمح إشفاقًا، وخطف كلَيْهما من الأرض، ووضعهما بين النجوم في السماء، يُطلق على أحدهما الدب الأكبر، وعلى الآخر الدب الأصغر.

وتقول الأساطير القديمة: إن جونو شكَت بمرارة إلى آلهة البحر من طريقة معاملة جوبيتر لمنافستها وابن منافستها، وإهماله جونو نفسها. فقرر أولئك الآلهة إكرامًا لخاطرها، ألا يمس الدب الأكبر ولا الدب الأصغر المياه إطلاقًا، ومن ثم تحيط مجموعتا النجوم هاتان بالقطب باستمرار، ولا تغطسان في الماء كما تفعل سائر النجوم الأخرى.

باوكيس وفيليمون

رغم أن جوبيتر كان، أولًا وقبل كل شيء، إلهَ السماء الواسعة، ويفكر فيه البشر على أنه يعيش دائمًا في قصره العجيب فوق جبل أوليمبوس، إلا أنه كان ينزل أحيانًا إلى الأرض، ويختلط بسكانها في صورةٍ بشرية. كان غرضه من أمثال هذه الزيارات أن يكتشف ما إذا كان الناس يراعون واجب إكرام الضيف وحق ابن السبيل؛ لأن جوبيتر لم يكن فقط ملك الآلهة والبشر، وإنما كان أيضًا وبنوعٍ خاصٍّ إلهَ إكرام الضيف، الذي يُنزل العقابَ بكل من يعامل الأغراب بقسوة أو بغير رقة.

وحدث ذات مرة أن جوبيتر تنكَّر في زيِّ مسافر فقير، ولم يصاحبه في هذه الجولة سوى ميركوري. فبدَءَا بزيارة أرض فروجيا، وطلَبَا المأوى لمدة الليل في بيتٍ بعد آخر، ولكن أهل تلك المنطقة طردوهما، وسلطوا عليهما كلابهم تنبحهما، وأطفالهم تقذفهما بالحجارة، علاوة على الشتائم وعبارات الاحتقار.

طال الظلام، وكاد جوبيتر وميركوري يتركان تلك المنطقة يأسًا. وأخيرًا شاهدا كوخًا منعزلًا فوق مرتفع من الأرض بتلك القرية. كان ذلك الكوخ لزوجين عجوزين هما باوكيس وزوجها فيليمون. كان كوخًا وضيعًا سَقفُه من البوص والقش المأخوذَيْن من مستنقعٍ قريب، عاش فيه هذان الزوجان منذ أن تزوجا، وحَظِيا فيه بالسعادة والقناعة والرضا.

لما سمعت باوكيس الطَّرْق على باب الكوخ أسرعت هي كما أسرع زوجها، ففتحا الباب ورحَّبا بالضيفين أعظم ترحيب، ولبَّيا طلبهما بصدرٍ رحبٍ أن يقضيا تلك الليلة في كُوخهما. وخرجا يدوران حول الكوخ يجمعان الحطب لإيقاد نار يصطليها الضيفان، وقدما لهما كل ما كان لديهما من طعام.

عندما مد الغريبان يديهما لتناول الطعام، حدث شيء غريب؛ فقد كثُر الطعام فجأة، وانبعثت منه رائحة عجيبة زكية، وفجأة أظهر الإلهان حقيقتهما في كامل عظَمتها، فخرَّ العجوزان راكعَيْن أمامهما، وطلبا صفحهما عن قلة الطعام الحقير الذي قدماه لهما. فأمر جوبيتر باوكيس وفيليمون بأن ينهضا، وقادهما إلى قمة جبل مجاور. فلما نظرا إلى الوادي الذي كانا يقيمان فيه، اعترتهما الدهشة؛ إذ وجداه بحيرة واسعة، فبكيا على مصير جيرانهما، وحدثت المعجزة، ارتفع معبد عظيم الحجم إلى جانبهما، وعهد إليهما بالعناية بذلك المعبد. ولما مات هذان الزوجان بعد ذلك بعدة سنوات، ماتا معًا في وقتٍ واحد، وفي سن متقدمة جدًّا. وحوَّلهما جوبيتر إلى شجرتَيْن باسقتين أمام المعبد، شجرة بلوط وشجرة زيزفون، عبدَهما الفلاحون إشارة إلى واجب إكرام الضيف.

مينيرفا تدخل في مسابقتَيْن

دخلت بالاس أثينا (التي يسميها الرومان مينيرفا) ذات مرة في مباراةٍ مع نبتيون على: من منهما سيكون له شرف أن تُسمى باسمه مدينة حديثة التأسيس في أتيكا. وكان كل منهما يتوق جدًّا إلى الفوز بذلك الشرف، حتى خُيِّل للجميع أنه لا بدَّ أن يقوم بينهما عراك. وحسمًا للنزاع قرر الآلهة أن يقدم كلٌّ منهما هديةً تفيد الجنس البشري. ومن منهما يقدم أنفع هدية، ينلْ شرف تسمية المدينة باسمه.

بدأ نبتيون، فضرب الأرض برمحه الثلاثي الشعاب، وفي لمح البصر خرج منها حصان جميل شرع من فوره يرفس برجليه الخلفيتين، ليقذف بالأرض المتعبة. فلما وقف ذلك الجواد أمام الآلهة يركل الأرض بحوافره تساءل الآلهة في دهشة. ثم جاء دور أثينا فضربت الأرض برمحها، فما إن ترك رمحها الأرض، حتى انبثقت من الأرض شجرة نبيلة مُحمَّلة بثمار سوداء لامعة، هي ثمار الزيتون. فجلس الآلهة صامتين، وتطلعوا خلال المستقبل يحصون الفوائد التي يَجنيها البشر من هذه الشجرة وثمارها. وفي صوتٍ واحدٍ هتف الآلهة لأثينا معلنين فوزَها، وهكذا سُميت باسمها مدينة أثينا.

وفي مناسبةٍ أخرى تبارت بالاس أثينا مع فتاة من البشر اسمها أراخني، ابنة إدمون، الماهر في الصباغة بالأرجوان. ومنذ حداثة سن هذه الفتاة، تعلمت مهنة أبيها، بالإضافة إلى مهنة نسج الأقمشة وبرعت فيهما، لدرجة أنه ما من أحدٍ بَذَّها في ذلك، على وجه البسيطة كلها. فركب الغرور أراخني، حتى إنها رفعت رأسها نحو السماء، متحدِّية الربة أثينا نفسها، حامية جميع الفنون المنزلية، أن تباريها في مهنتها هذه.

راقبت أثينا في استمتاع وإعجاب، ذلك التقدم الذي تقوم به أراخني. فلما سمعت ذلك التحدي وليد الغرور، استاءت أيَّما استياء، فاتخذتْ صورة امرأة عجوز دردبيس، وذهبت إلى بيت إدمون، حيث شاهدت النول الذي تنسج فوقه هذه الفتاة، وأعجبت بمهارتها.

قالت أثينا: «إنني امرأة عجوز وقديمة في التمرين، ورأيت الكثير في هذه الدنيا. بلغني أنك تحديت الربة أثينا، اسمحي لي بأن أنصحك بأن تسحبي أقوالك. إنك تتفوقين على سائر البشر، وسوف تتفوقين عليهم جميعًا، ولكن ما أحمقك أن ترغبي في الدخول في مباراةٍ خاسرة مع الآلهة الذين تأتي منهم كافة المهارات!»

فأجابت أراخني بازدراء: «صه، أيتها العجوز الغبية! لن أخاف أثينا، ولكني سأُخجلها بمهارتي، فلتظهر وتختبرني.»

ما إن نطقت أراخني بهذه الألفاظ، حتى نزعت أثينا تنكُّرَها، ووقفت في عظمتها أمام الفتاة.

قالت: «ها هي أثينا أمامك.» وعندئذٍ ارتجفت الفتاة، وأدركت بعد فوات الأوان، جنون تحديها، ولكنها استجمعت شجاعتها، وأخذت تنسج أبرع منسوج صنعته. صَوَّرت على جزء من النسيج بعضَ موضوعات من غرام الآلهة، نسجتها بعدة ألوان، وأغلبها من الأرجوان الذي كان أبوها سيد صناعته. وأخيرًا اكتمل عملها.

شرعت أثينا تنسج بعد ذلك، فصَوَّرت أعجب المناظر في أوليمبوس السامي، وانبعثت من نسيجها رائحة عبقة من النكتار والأمبروسيا. حلق فوق النسيج جمال غير أرضي، فصورت في أحد أركانه مصائر البشر الذي يتحدون الآلهة. وبينما هي تمر من مصير إلى مصير، أحسَّت أراخني بمصيرها يدنو منها رويدًا رويدًا. وما إن تمَّ آخر ركن، حتى استدارت نحوها أثينا بمغزلها السحري، وقالت: «ستُعاقبين على غُرورك، ولكن الآلهة لن تسمح بأن تموت مثل هذه المهارة التي أبديتها. تحولي إلى حشرة، كي تكوني عبرة للبشر الآخرين، فاستمري في نسج منسوج بديع الرسوم.»

ما إن قالت أثينا هذا، حتى بدأت الفتاة تنكمش وتضمحل، وأخيرًا تحولت تمامًا. وحيث كانت الفتاة واقفة، زحفت حشرة العنكبوت، وأمام بصر المشاهدين المذعورين، انتحت الحشرة نحو ركن وشرعت من فورها تنسج نسيجًا من الخيوط الواهية. وهكذا ظل الأغارقة حتى اليوم يسمون العنكبوت «أراخني».

قصص فينوس

فينوس وأدونيس

بطبيعة الحال، كان لفينوس كثير من المغامرات الغرامية، أشهرها ما حدث بينها وبين أدونيس، وهو شاب من منطقة في آسيا الصغرى، رائع الجمال الذي يُضرب به المثل، فنقول عن الرجل ذي الجمال الفذ «إنه أدونيس». فذات يوم كانت فينوس تعبث بسهام ابنها كيوبيد، فخدشت نفسها بسهمٍ منها، وقبل أن يلتئم الجرح، ويخرج السهم الخطر من عروقها، أبصرت أدونيس، وفي الحال تغلغل حبُّه في قلبها.

بعد ذلك أهملت فينوس كل غرامياتها العادية، وما عادت تُرى بعد ذلك في الأماكن التي كانت تزورها عادة، بل صارت بهجتها الوحيدة أن ترافق أدونيس أينما يذهب. ورغم جمال أدونيس كان يتصف بأخلاق الرجولة، فأولع بالصيد أكثر من كل شيءٍ آخر. وعلى هذا كانت فينوس تصحبه في جميع المغامرات الخطرة. وكانا يجولان معًا وسط الغابات يوميًّا. وما عادت فينوس لتهتم بزينتها وتجميل مفاتنها، وما عادت تقضي الساعات كما اعتادت في إبراز سر جمالها، بل كانت تذهب معه في ثيابٍ عادية تحمل قوسًا وجَعبة سهام مثل الربة الصيادة ديانا، كما تعلمت هي أيضًا أن تطارد الغزلان وتقتلها، وتركت لأدونيس قتل الذئاب والخنازير البرية والفهود والدِّبَبة.

حذرت فينوس أدونيس من أن يكون كثير الجرأة، وكانت تخشى أن يهاجمه وَحشٌ مفترس في وقتٍ ما، إن عاجلًا أو آجلًا، فيؤذيه. وهذا ما حدث فعلًا؛ إذ تركت فينوس أدونيس في يوم ما، وطارت إلى أوليمبوس في عربتها التي يجرها اليمام. وكانت آخر كلماتها لأدونيس هي التحذير. غير أنه كان يصم أذنيه عن سماع نصائحها التي تزرع الجُبن، كما كان يعتقد. فكان الأول دائمًا في مطاردة الصيد، والأول دائمًا في مطاردة أيِّ حيوان يرغب في قتله، ويحتقر إلقاء عبء الخطر على غيره. في ذلك اليوم أثارت الكلاب خنزيرًا بريًّا ضخمًا ومتوحشًا ومفترسًا، فصار ذلك الخنزير يجري أمام الكلاب حتى انقضَّ عليه أدونيس والرمح في يديه، وقلبه توَّاق لأن يُغيب الرمح في جسم الخنزير، وفعلًا أفلح في جرح ذلك الوحش، ولكن سن الرمح لم تتعمق في جسمه، فاندفع الخنزير يهجم على أدونيس، وأنفذ نابَيْه كليهما في جنْبَي هذا الشاب الوسيم، فخر فوق السهل صريعًا.

حزنت فينوس على أدونيس حزنًا شديدًا، وبكته بكاءً مُرًّا، وظلت كاسفة البال مدة طويلة. وكان سكان تلك المنطقة يجددون الحداد عليه سنويًّا في عيد مقدس. ويقال إن الأقحوان خرج من دمه، كما قيل أيضًا إن جوبيتر أشفق على ابنته فينوس، فسمح لأدونيس بأن يصعد من العالم السفلي لمدة ستة شهور في كل عام، ويقيم مع فينوس كزوجها في تلك المدة، وعندئذٍ كان الصيف يعم الأرض.

كيوبيد وبسوخي

روى الكاتب اللاتيني أبوليوس قصة من أجمل القصص القديمة عن كيوبيد وبسوخي، فقال:

كان لأحد الملوك ثلاث بنات تُسمَّى صغراهن بسوخي (ومعنى اسمها بالإغريقية، إما «روح» أو «فراشة») وكانت أجملهن. ومن فرط جمالها كانت إذا سارت في الطريق نثر الناس الأزهار أمامها، ومن شدة إعجاب الناظرين بها، أهملوا مذابح فينوس.

غضبت ربة الحب إذ رأت أن بسوخي قد خلعتها من مركز محبة الناس لها. فصمَّمت على أن تعاقب تلك الفتاة ذات الجمال الخارق الساحر، فاستدعت ابنها كيوبيد، وأمرته بأن يُعِدَّ وسيلة لانتقامها. أمرته بأن يذهب إلى بسوخي، ومعه شيء من الماء من نافورة معينة في حديقة فينوس، فيوحي إلى تلك الفتاة بواسطة ذلك الماء بأن تحبَّ شخصًا وضيعًا. فطار كيوبيد لتنفيذ هذه المهمة، ولكنه ما إن أبصر بسوخي راقدة في نومٍ لذيذ، حتى ندم على قبوله ما كلفته به أمه. ومع ذلك فقد أخذ ينفذ رسالته، وعندما انحنى فوقها جرح نفسه بأحد سهامه، ولكنه لم يكترث لجرحه، وأخذ يعمل على إبطال مفعول المياه السحرية، فصب عليها عقارًا حلوًا من قارورة أخرى، وطار.

منذ ذلك الوقت لم يلتفت أحدٌ ما إلى بسوخي رغم جمالها، وتزوجت أختاها أميرَيْن عظيمَي السلطان، ولكن ما من أحدٍ جاء يطلب يد بسوخي. وأخيرًا استشار والداها وحيًا فأخبرهما بأن يرسلا ابنتهما إلى قمة جبل، حيث خُصِّص لها بيت يأتي إليها فيه وحش من مولد إلهي ويتزوجها. فبكى الوالدان بدموعٍ سخينة، ولكنهما ألبساها لباس العُرس، وصحباها إلى صخرةٍ منعزلةٍ، حيث يوجد بيت وضيع، وتركاها هناك لتلقى مصيرها.

هبت الريح الغربية فجأة، فحملت بسوخي برفقٍ إلى وادٍ عطر الأريج، حيث يوجد قصر عظيم وسط الزهور، ويرتكز سقفه على أعمدة من الذهب الخالص، فدخلت بسوخي القصر مدهوشة، فقد التقت عيناها في كل خطوة بأعجوبة جديدة. وبينما هي تسير وسط الأبهاء العالية، سمعت صوت فتاة تخبرها بأنه قد خُصِّص لخدمتها عدةُ خدم غير مرئيين، على استعدادٍ لتلبية أوامرها فورًا. وشاهدت مائدة زاخرة بكل ما لذَّ وطاب من صنوف الطعام مُعدَّة لها. وبينما هي تتناول الطعام، شنَّفتْ أذنيها نغمات موسيقية حلوة، وعندما ذهبت لتنام وجدت مخدعها حجرة فخمة الزخارف، تنتظم العديد من مناظر مغامرات الآلهة. وبينما هي في دهشةٍ بالغةٍ لكل ما شاهدته غلبها النعاس، فاستسلمت للنوم.

وفي منتصف الليل أيقظها صوت عذب.

قال ذلك الصوت: «إنني زوجك يا بسوخي. وهذا البيت وكل ما فيه مِلكٌ لك، ولكن على شرطٍ واحد: ألا تحاولي رؤية وجهي بحالٍ ما.»

وعلى هذا كان أثناء الليل فقط، تلتقي بسوخي مع زوجها. ورغم أنها سمعت صوته، فإنها لم تلمح وجهه إطلاقًا.

ظلت بسوخي سعيدة مدة طويلة، ولكنها مع مرور الشهور، اجتاحَتْها الرغبة الشديدة في أن ترى والديها وأختيها، وجعلتها تلك الرغبة تذوي. وأخيرًا لاحظ زوجها وجودَ شيء غير عادي يضايق زوجته، فسألها فأخبرته في تردُّدٍ بأنها تتحرق شوقًا إلى رؤية أسرتها، ولو لمدةٍ قصيرة. بقي زوجها صامتًا بعض الوقت، وأخيرًا وافق على السماح لها بالذهاب إلى بيت أبيها لفترةٍ قصيرة.

استعدَّت بسوخي لرحلتها فَرِحةً جَذْلى، وأخذت معها كثيرًا من الهدايا الجميلة. ومرةً أخرى حملتها زفيروس برفق إلى الصخرة التي كان والداها قد تركاها عندها. فنزلت بسرعةٍ إلى أسفل الجبل، وبعد فترةٍ قصيرة بلغت قصر والدها، فرحب بمقدمها والداها مدهوشَيْن، وامتلئا بهجةً وسرورًا؛ لأن ابنتهما ما برحت على قيد الحياة، وسُرَّت أختاها لرؤيتها، فأخبرتهما بأن زوجها يزورها ليلًا، وأنها لم تبصر وجهه أبدًا. ووصفت لهما القصر الرائع الذي تعيش فيه، والخدمة السريعة التي تقوم بها حوريات القصر غير المرئيات.

وبينما هي تحكي لأختيها طريقة حياتها، اشتعلت نار الغيرة في قلبَيْهما وملأهما الحسد، وأبدتا شكهما في صحة روايتها، وحاولتا بكل ما لديهما من حولٍ وطَوْل وقوة إقناع، أن تُدخلا في روع شقيقتهما أن زوجها وحش حقًّا، ونصحتاها بأن تزود نفسها بمصباحٍ زيتي لترى في نوره منظر زوجها على حقيقته، كما أشارتا عليها بأن تُعِدَّ سكينًا حادةً لتذبحه بها إن كان وحشًا.

رفضت بسوخي في أول الأمر أن تهتم بارتيابهما، ولكنهما أفلحتا أخيرًا في التأثير عليها، واعتزمت أن تعمل بنصحهما. فلما عادت إلى قصرها حملت معها مصباحًا وسكينًا. وعاد زوجها إليها كالمعتاد، فلما عرفت أنه غارق في النوم، أضاءت المصباح في هُدوء، وانحنت فوقه. ولدهشتها وسرورها رأت أمامها شابًّا رائع الجمال. وفي الحال صارت محبتها له عظيمة جدًّا، ولكنها قبل أن تُبعِد المصباح عن وجهه سقطت نقطةُ زيت ساخنة من الآنية فوق كتفه، فأيقظت ذلك الإله النائم. فأدرك كيوبيد لتوِّه ما حدث، وبدون أن ينطق بكلمةٍ واحدةٍ نشر جناحيه الأبيضين، وطار من القصر.

عرفت بسوخي أن كيوبيد قد هجرها إلى غير رجعة، فامتلأت يأسًا، ولامت نفسها وندِمَت، حيث لا ينفع الندم على ارتيابها الدنيء، فألقت بنفسها في نهرٍ رغبةً في أن تموت، ولكن رب النهر أبى أن يقتل شيئًا جميلًا كهذا، فلفظها إلى الشاطئ. فظلت مدة طويلة هائمةً على وجهها تضرب في الفيافي والقفار غير عابئة بوعورة الطريق، ولا بما ينالها من تعبٍ، حتى وصلت أخيرًا إلى معبد لفينوس، فاعتزمت الدخول في خدمة تلك الربة. وكانت فينوس تعلم بزواج ابنها من بسوخي، وما برح الحقد يتأجَّج في قلبها ضدَّ هذه الفتاة، فأخبرتها بواسطة فم كاهنتها أنها إذا أرادت أن تكون محبوبة، فعليها القيام ببعض الأعمال الشاقة. وكانت فينوس تعتقد تمامًا أن بسوخي لن تستطيع إنجاز تلك الأعمال، إلا أن بسوخي وافقت في لهفةٍ على أن تقوم بأي عملٍ يُفرض عليها، وسألت عما يجب عليها أن تفعله.

فرضت عليها فينوس أول عمل: كان في مخزن واسع بالمعبد كومة كبيرة من الحبوب المختلفة مختلطة معًا: القمح والفول والعدس والخشخاش والشعير والذرة العويجة، وكثير من أنواع الحبوب الأخرى اللازمة لإطعام حراس المعبد ويمام فينوس.

قالت فينوس في صيغة الأمر: «افرزي هذه الحبوب، كل نوع في كومة منفصلة، على أن يتم هذا العمل عند مجيء الظلام.»

ما كان لبسوخي أن تستطيع إنجاز هذا العمل في عشرة أيام، ولكن كيوبيد الذي ما زال يراقب بسوخي سرًّا، كلف النمل بالقيام بذلك العمل، فأطاعته جميع أمة النمل، وشرعت على الفور تعمل دائبة. فلما بدأت جحافل الظلام تنتشر على الكون، كان كلُّ نوع من الحبوب كومةً مستقلة.

عادت فينوس لترى ماذا فعلت بسوخي، فإذا بها تجدها قد أنجزت أول أوامرها، فحنِقَت؛ لأنها أدركت أنها لم تفعل ذلك بمفردِها، وفرضَتْ عليها العمل الثاني.

«أحضري لي ثلاث خصلات من صوف الأغنام ذوات البريق الذهبي الموجودة في ذلك الحقل.»

ذهبت بسوخي إلى الحقل تجر قدميها في بطءٍ، وهي تسير على جانب النهر، فهمست لها أعواد البوص النامية هناك، وأمرتها بالانتظار؛ لأن تلك الأغنام كانت بالغة التوحش.

ألحت أعواد البوص على بسوخي بقولها: «انتظري حتى ينتصف النهار، ثم انظري إلى الشُّجَيرات.»

أطاعت بسوخي النصيحة، وبعد الظهر وجدت خصلات من الصوف الذهبي مُعلَّقةً فوق الشجيرات التي احتكَّت بها الأغنام أثناء مرورها إلى جانبها. فأخذت هذه الخصلات، وعادت بها إلى فينوس.

وفي الصباح التالي أمرتها فينوس في خشونةٍ بالعمل الثالث: «اذهبي إلى بروسربينا ملكة هاديس، وأحضري لي عُلبة من المرهم الذي تستعمله للاحتفاظ بجمالها الإلهي.»

كان ذلك العمل فظيعًا ويبدو مستحيلًا، ولكنها قامت به، فدخلت إلى العالم السفلي من خلال كهف، وتوسلت إلى خارون أن ينقلها في قاربه عبر نهر ستوكس. فلما صارت هناك استمالت إليها بروسربينا بأن أخذت تستدرُّ عطفها، متضرعةً أن تعطيها علبة من ذلك المرهم الثمين. فلما أخذت العلبة اجتاحتها رغبةٌ ملحة في أن تفتح العلبة، وترى ما بداخلها، ولكنها ما إن فتحتها حتى وقعت على الأرض في نومٍ عميقٍ يشبه نوم الأموات. لم يقاوم كيوبيد لهفته إلى الطيران إليها على الفور وإنقاذها. فأيقظها من سُباتها، وتوسل إلى ملك السماء أن يساعده في قضيَّته. فتدخل جوف في الأمر، ورجا فينوس في أن تقبل تلك الفتاة زوجة لكيوبيد، بعد ذلك حمل ميركوري بسوخي إلى أوليمبوس، حيث أكلت تلك الفتاة من الأمبروسيا الإلهية، وصارت خالدة. ولما حان الوقت، ولدت للحب والروح ابنة سُميت «السرور».

التفاح الذهبي أتالانتا وهيبومينيس

عُقدت مسابقة من نوعٍ جديدٍ اشتركت فيها أتالانتا، وهي عذراء من بيوتيا، فعندما كانت أتالانتا طفلة، تُنُبِّئَ لها بأن زواجها سيكون خطرًا عليها. وبناء على تلك النبوءة عقدت العزم على ألا تتزوج إطلاقًا، وتحاشَتْ كل اتصال بالرجال، وعاشت في الغابات مكرسةً نفسها للربة ديانا، تقضي أيام حياتها في الصيد وغيره من رياضات الغابات. بيد أنه لما كانت أتالانتا على قدرٍ كبيرٍ من الجمال الساحر الفتَّان؛ ولأن حياة الخلاء وهبتها صحةً ونشاطًا، تقدم إليها الرجال كعُشَّاق يطلبون يدها، وأخذوا يضايقونها باستمرار، وألحوا عليها في عدم رفض طلبهم.

وأخيرًا، توصلت أتالانتا إلى حيلة تتخلَّص بها من أولئك الرجال، فاستدعتهم جميعًا، وأعلنت أمامهم أنها ستكون عروس مَن يتفوَّق عليها في سباق الجري، ومن هزمَتْه منهم كان مصيره الإعدام. عندئذٍ ساد السكون بين العشاق فترة من الوقت. وبعد ذلك أعلن عدد منهم استعداده لأن يستبق معها، ولكنهم أخفقوا جميعًا، فما من

عذراء يمكنها أن تجري بمثل سرعة أتالانتا، وما من رجلٍ استطاع أن يصل إلى سرعتها. وعلى ذلك نُفِّذ حكم الإعدام القاسي في جميع من خسروا السباق.

وفي أحد أشواط السباق، اختير شاب اسمه هيبومينيس؛ ليكون حكمًا في المباراة، فأخذ يتحدث باحتقارٍ، ويسخر من أولئك الأغبياء الذين اشتركوا في السباق، وخاطروا بأرواحهم من أجل عذراء مهما يكن جمالها فتانًا.

غير أن ذلك الشاب، ما إن أبصر قوام أتالانتا الرشيق يثب بخفَّة فوق الأرض كأنه عصفور، وأحدق النظر إليها عندما لمست شريط نهاية السباق، فألفى وجهها ساحرًا فاتنًا، كأنه وجه إحدى الربات، ما إن شاهد كل ذلك حتى غيَّر رأيه على الفور، وتاق مثل الباقين إلى الفوز بيدها.

تقدمت أتالانتا وقد احمرَّ وجهها من الجري، فاقترب منها هيبومينيس، وأعلن تحديه إياها في مباراةٍ أخرى صباح اليوم التالي.

صاح هيبومينيس يقول: «ليس أولئك الشبان سوى حفنةٍ من الكسالى الخاملين. ستكون القصة مختلفة تمامًا معي. أنا المنحدر من نسل الآلهة، أنا أحد ذرية إله البحر نبتيون.»

نظرت أتالانتا إلى هذا الشاب الوسيم والحسرة تملأ نفسها. فما من شابٍّ ممن سابقوها قد أعجبها خيرًا من هيبومينيس، وأحست بوخزٍ يتغلغل في قلبها أن يموت مثل هذا الشاب المتوثب صحةً وقوة. أما هيبومينيس ففكر في أن يطلب مساعدة ربة من الممكن جدًّا أن تمدَّ له يد العون. فتوسل إلى فينوس، وطلب منها أن تفكر في مناقضة انتصار أتالانتا لقاعدتها الخاصة بالحب، فسمعته فينوس واستجابت إلى توسُّله، فذهبت إلى حديقة الهسبيريديات النائية إلى مسافةٍ بعيدةٍ في أقصى غرب الدنيا، حيث قطفت ثلاث تفاحات ذهبيات عجيبات من شجرةٍ ضخمةٍ تنمو بوسط تلك الحديقة، وقدمتها إلى هيبومينيس، وزودته بالتعليمات التي يجب عليه أن يتبعها ليهزم أتالانتا.

بدأ السباق في اليوم التالي أمام حشدٍ كبيرٍ من المشاهدين. فانطلق كِلا المتسابقَيْن من نقطة الابتداء، كأنهما سهمان أطلقا من قوس، ولكن سرعان ما أدرك هيبومينيس، رغم أقصى جهوده وخير محاولاته، أن الفتاة سبقته. فقذف بيده إحدى التفاحات الذهبية، فانطلقت التفاحة تتدحرج متألقة في طريق أتالانتا مباشرةً، فبهر جمالها وبريقها عينَي الفتاة، وبدون أن تعي ما هي فاعلة، انحنت وخطفت التفاحة من فوق الأرض. وبينما هي تفعل ذلك لحِق بها هيبومينيس وتقدَّم عليها، ولكنها أسرعت ثانية وتقدمته مرةً أخرى. فما كان منه إلا أن أرسل تفاحة ثانية تتدحرج متلألئة في طريقها. ومرةً أخرى توقفت أتالانتا لتلتقط تلك التفاحة الذهبية البرَّاقة. وعندئذٍ تقدمها هيبومينيس، بيد أن سرعتها كانت عظيمة جدًّا لدرجة أن كل هذه العقبات لم تكن كافيةً ليتفوق عليها هيبومينيس. وفي بضع لحظاتٍ جاءت أتالانتا في المقدمة مرةً أخرى. وعندما اقتربت نهاية السباق، وقد دب اليأس في قلب هيبومينيس، فألقى بالتفاحة الذهبية الأخيرة، فتدحرجت لامعة إلى جانب الطريق، وترددت أتالانتا فيما إذا كان يصح لها أن تلتقطها أم تتركها، ولكن جمال التفاحة كان عظيمًا، فلم تستطع مقاومة إغرائه، فاتجهت جانبًا على الرغم منها، وانحنت لترفعها من على الأرض. وبينما هي تلتقطها، دوَّت صيحة هائلة ردَّد الجوُّ صداها في جميع الأرجاء: «لقد فاز هيبومينيس.»

لم تأسف أتالانتا بحالٍ ما على أن تكون زوجة هيبومينيس، غير أن قدرها لا بدَّ أن ينفذ؛ فقد نسِي كلا الحبيبين تقديم فروض الشكر لفينوس التي كانت السبب في انتصار هيبومينيس. ولذلك غضِبت هذه الربة؛ لنسيانهما فضلها، وحوَّلتهما إلى وحشين. حولت هيبومينيس إلى أسد، وأتالانتا إلى لبؤة، وجعلتهما يجران عربة الربة ريَّا (المسماة أيضًا كوبيلي).

جالاتيا وبيجماليون

كان يحكم جزيرة قبرص ملك اسمه بيجماليون، لم يكن حكيمًا فحسب، بل ونحَّاتًا بارعًا أيضًا. غير أن به رغم هذا طبعًا غريبًا؛ إذ كان لا يثق بالنساء إطلاقًا، وأعلن أنه يعتزم ألا يتزوج طول حياته.

وذات مرة كان بيجماليون ينحت تمثالًا من العاج في صورة عذراء، وظل يعمل فيه يومًا بعد يوم، والتمثال يزيد جمالًا فوق جمال. صب بيجماليون في ذلك التمثال كل أحلامه، وعبر فيه عن جميع مُثُله العليا، فأُعجب هو نفسه بذلك التمثال، واستمرَّ يضيف إليه اللمسات هنا وهناك؛ ليزيد في بهائه حتى آلمته عيناه، وخيَّم على مرسمه ظلامٌ حالك، فأطلق على هذا التمثال اسم «جالاتيا».

وأخيرًا تم التمثال، ولشد ما أدهش بيجماليون أنه هو نفسه لا يهدأ له بالٌ بعيدًا عن أروع ما نحتت يداه. وسواء رغب أو لم يرغب، كان يجد نفسه دائمًا في الحجرة الجميلة التي وضع بها ذلك التمثال، ويجد عينيه تديمان النظر إليه. وذات يوم، استيقظ بيجماليون ليدرك الحقيقة الواضحة؛ كان يعشق التمثال الذي صنعه.

بعد ذلك بوقتٍ قصيرٍ احتفلت قبرص كلها بعيد الربة فينوس، فوقف بيجماليون بخشوعٍ أمام مذبح هذه الربة، وخاطبها يذكرها باحترامه إياها وإخلاصه لمعبدها، وطلب منها أن تمنحه أمنية واحدة: أن يتخذَ التمثال جالاتيا لحمًا وحياة.

فلما رجع بيجماليون إلى بيته في تلك الليلة، سار بخُطًى وئيدة إلى الحجرة التي بها التمثال، وكم كانت دهشته بالغة عندما وجد إكليلًا من الزهور العطرة، حول عنق التمثال! فأدرك على الفور أن هذه بشرى طيبة؛ إذ لم يُسمح لأي فردٍ سواه بدخول تلك الحجرة. وبينما هو واقف مبهوتًا رأى مِسحة من الحمرة الرقيقة تنتشر في العاج الأبيض المصنوع منه ذلك التمثال، ثم بدا النبض الهادئ في جبهة التمثال ومِعصميه، وتحرُّك بطيء في الركبتين والرأس. فتقدم بيجماليون مترددًا يلمس يد جالاتيا، وبينما هو يفعل ذلك التفَّتْ أصابعها حول أصابعه، وتحركت إلى الأمام، ونزلت عن قاعدتها التي كانت واقفة عليها.

صاح بيجماليون يقول: «جالاتيا!» وهي تتقدم في نفس اللحظة نحوه مبتسمة، ليحتضنها بين ذراعيه.

باركت فينوس زواج بيجماليون وجالاتيا. ومن اتحادهما أنجبا طفلًا اسمه بافوس، أسَّس مدينة سُميت باسمه، تقع في أقصى نقطة غرب جزيرة قبرص، وكرَّسها لربة الحب.

هيرو ولياندر

كان يعيش في بوغاز الهلسبونت شابٌّ اسمه لياندر، يقع بيته في مدينة أبيدوس قبالة بيت فتاة تُدعى «هيرو» في مدينة سيستوس. وكانت هذه الفتاة بارعة الجمال، حتى قيل إن أبولو وكيوبيد أنفسهما طلبا يدها، ولكن أُجيب طلبهما بالرفض.

كانت هيرو تخدم فينوس ككاهنة، وحدث ذات يوم أن جاء لياندر إلى سيستوس؛ لتقديم فروض التعظيم للربة فينوس، فأبصر هيرو، كما وقع بصر هيرو عليه في نفس اللحظة، وعلى الفور، وقع كل منهما في غرام الآخر من أول نظرة. غير أن والدَيْ هيرو رفضا طلب لياندر يد هيرو، رفضًا باتًّا. ليس هذا فحسب، بل وحرَّمَا على هذَيْن الشابين أن يرى أيهما الآخر.

ورغم كل هذا، لم يكن من السهل منعُهما اللقاء، فاتفقا على إشارات سرية فيما بينهما تُيسِّر لهما أن يتقابلا في جنح الظلام بعيدًا عن عيون الرقباء. اتفقا على أنه عندما يكون الجو خاليًا أن تعلق هيرو، بالليل، فانوسًا فوق قمة برج المعبد، وعندئذٍ يسبح لياندر بوغاز الهلسبونت مهتديًا بنور الفانوس، ليلتقي بها مدة ساعة أو ساعتين قصيرتين، ثم يعود أدراجه إلى بيته، ولكن شاءت المقادير أن تهبَّ عاصفة هوجاء في إحدى الليالي، بعد أن خرج لياندر في رحلته الخطرة للقاء هيرو. وسرعان ما أطفأت الرياح الشديدة الفانوس الذي يقود لياندر إلى طريقه نحو المعبد، فضَلَّ لياندر وجهته، وبدلًا من أن يسبح إلى بر الأمان، استمر يعوم نحو عرض البحر المائج الهائج. كانت العاصفة أشدَّ مما يقوى على احتماله فهلَك. وفي الصباح التالي جرفت الأمواج جثةَ لياندر إلى الشاطئ أمام المعبد تمامًا، وتحت قدمَي هيرو التي كانت تنتظر حبيبها في لهفةٍ، وهي تتطلَّع إلى البحر في كل اتجاه؛ خشية أن يكون قد أصابه مكروه وسط البحر العاصف، ولكنها أبصرت الجثة أمامها مباشرة، فبخَعها الحُزن، فألقت بنفسها في اليم، فابتلعها وغرقت.

بيراموس وثيسبي

كان في بابل شاب اسمه بيراموس يشتهر بمنظره الوسيم. كما كانت بها فتاة تدعى ثيسبي، اعتبرها القوم هناك أجمل عذراء في المدينة كلها، وذلك في عهد الملكة سميراميس. أقام هذان الشخصان منذ طفولتهما في بيتين متجاورَين. ولما كَبِرا ودخلا في طور الشباب، تحولت صداقتهما إلى حبٍّ شديد.

غير أن والدَيْهما لم يوافقوا على زواجهما، وحرموا عليهما كل اتصال بينهما، فلم يتمكنا من التحدث معًا إلا بالإشارات واللحاظ فحسب. ولكنهما اكتشفا ذات يوم شقًّا في الحائط الفاصل بين بيتهما مكّنهما من التحدُّث همسًا من خلاله كلما سنحت لهما فرصة، فيبثُّ كل منهما صاحبه ما يعتمل في قلبه من لواعج الحبِّ والوفاء المستديمين.

وأخيرًا لم يطيقا الانفصال أكثر من ذلك، فاتفقا على أن يلتقيا معًا في إحدى الأمسيات، عندما يخيم الظلام، تحت شجرة توت خارج سور المدينة مباشرةً. فذهبت ثيسبي إلى مكان اللقاء قبل حبيبها، فإذا بها، وهي تقترب من الشجرة، تجد أمامها

لبؤة مفزعة تكشر عن أنيابها. فصرخت الفتاة، وأطلقت العنان لقدميها؛ فرارًا من تلك اللبؤة. وفي ارتباكها وعَجَلتها، سقط منها خمارها وهي تجري، غير أن اللبؤة لم تحاول مطاردتها، وإنما أمسكت بالخمار في فمها المضرَّج بالدم، ثم تركته. وبعد مدة غير طويلة غادرت المكان، وانطلقت نحو غابة مجاورة.

في تلك اللحظة نفسها أقبل بيراموس إلى الملتقى، فأبصر خمار حبيبته على الأرض ملوثًا بالدماء، فاستولى عليه خوف شديد، وصاح يقول: «لقد قُتلت ثيسبي، ولكنها لم تمت وحدها!» وبمجرد أن نطق بهذه الألفاظ، استلَّ حسامه وأغمده في جنبه، فسقط على الأرض يتخبَّط في دمائه. وبينما هو يلفظ آخر أنفاسه، جاءت ثيسبي وقد هزمت فزعها؛ لتحذِّر بيراموس من الخطر الذي ينتظره، ولكن سبق السيف العذل. فلما رأت ما حدث، بحثت عن مهرب من حياتها التي ما عادت لها قيمة، ولا فيها أية بهجة لها، فكان نفس الحسام الذي قتل حبيبَها هو وسيلة موتها. فصعد الدم المختلط من دميهما فوق جذع شجرة التوت، وخضَّب ثمارها باللون الأرجواني الداكن. وهكذا ظلت ثمار التوت مصبوغةً بذلك اللون، حتى يومنا هذا؛ تخليدًا لذكرى هذَيْن العاشقين.

قصص أبولو

تجوالات لاتونا

من بنات التيتان ربة الظلام المسماة لاتونا. وكانت رائعة الجمال لدرجة أن جوبيتر نفسه وقع في هواها، وبذا أثارت غضب جونو، التي لم تصفح عنها قط. وكلما سنحت لها فرصة لعقابها، أنزلت بها صورة من صور العقاب.

ولدت لاتونا لجوبيتر توءَمين هما: أبولو إله الشمس وديانا ربة القمر، فأخذت لاتونا طفليها بين ذراعيها، وهامت على وجهها تجوب البلاد متنقلة من مدينة إلى مدينة، تلاحقها باستمرار غيرة جونو التي كانت تعلم بالعظمة المستقبلة لطفلَي لاتونا. وأثار حفيظتها وحقدها أن طفلي منافستها سيَحصُلان على مثل هذه العظمة.

تحملت لاتونا كثيرًا من المشاقِّ أثناء تجوالاتها الطويلة؛ فذات مرة، وهي في لوكيا أبصرت أمامها بركة جميلة من الماء الزلال، تظللها الأشجار. فأسرعت إليها والفرح يملأ قلبها، وهي تحمل طفلَيْها؛ إذ أنهكها التعب وجفَّ حلقها من شدة الظمأ، إلا أنها ما كادت تنحني نحو الماء البارد لتعُبَّ منه ما يروي أُوار ظمئها، حتى التفَّ حولها عدد كبير من الأهلين، ودفعوها بعيدًا عن الماء، ومنعوها الشرب. فأشارت إلى الطفلين اللذين معها، وذكرتهم باسم جوف بأن إكرام الضيف وابن السبيل واجب مقدَّس للآلهة، ولكنهم سخروا منها، ولم يدعوها تقترب من البركة. ولم يقف الأمر عند هذا الحد، وإنما شرع بعضهم يخوض البركة ليعكر ماءها؛ كي يصير غير صالح للشرب.

كان هذا أكثر مما تطيق لاتونا احتماله، فاستشاطت غضبًا، وتذكرت أنها ربة هي نفسها، فأشارت بيدها غاضبة، وصاحت تقول: «لن تتركوا البركة طول حياتكم، أيها القوم! ولتسكن البرك مساكنكم إلى الأبد!» وما إن انتهت من قولها هذا، حتى تحول أولئك الريفيون إلى صورةٍ غريبة. فصارت أيديهم وأجسامهم خضراء، وتفلطحت رءُوسهم، وغدت أصواتهم نقيقًا، ولا يزال نسلهم «الضفادع» يعيش حتى اليوم في البرك الموحلة والعَكِرة المياه.

عاشت لاتونا مع طفليها مدة ما في أودية جبال بيريا، مأوى الموزيات المحبوب، حيث قامت تسع شقيقات بتعليم أبولو فن الموسيقى والغناء إلى أن صار، في الوقت المناسب، ليس تلميذهن، بل أستاذهن، ولكنه لم يحصل بعدُ على القيثارة التي قدَّمها إليه ميركوري فيما بعد. أما ديانا فرُبِّيت في كهف بجبل كونثوس (ولذا أطلق عليها أحيانًا لقب كونثيا). ووكلت حراستها إلى هيكاتي ملكة الساحرات، وكانت ديانا تتجول بحُرِّية في أودية ذلك الجبل، غير هيَّابة ولا خائفة. وتعلمت هناك معرفة وفهم المخلوقات البرية، وعندما اكتمل نمو أبولو وديانا، ذهبا إلى جبل أوليمبوس، واتخذا مكانيهما بين آلهة السماء.

زهرة الخزامى أو السوسن

أحب الأغارقة الإله أبولو أكثر من غيره من الآلهة الآخرين، فنسجوا حوله كثيرًا من الأساطير. كان حامي الرجال، ولا سيما عندما يكونون في شرخ الشباب، وعندما يشتركون في الألعاب الرياضية والمباريات. فتُروى عنه قصة تقول إنه صادَقَ غلامًا اسمه هواكنثوس ابن ملك إسبرطة، وكان هذا الصبي يهوى جميع صنوف الألعاب والرياضيات، فكان أبولو يصحبه في رحلات صيد السمك وصيد الحيوان، ويشترك في جميع الألعاب التي يشترك فيها هواكنثوس. وكان زفيروس، إله الريح الغربية، مولعًا أيضًا بذلك الغلام، وكثيرًا ما حاول كسب عطفه، بيدَ أن الصبي لم يكن ليهتم بأحد غير أبولو.

وذات يوم أخذ أبولو وهواكنثوس يمارسان لعبة قذف الجلة، وكان كل منهما يلعبها ببراعةٍ ومهارة، فكان هذا يقذف الجلة إلى مسافةٍ بعيدة، فيأتي الآخر فيقذفها إلى مسافة أبعد من السابقة، فيعود الأول فيقذفها ... وهكذا. غير أن زفيروس تسلل إلى حيث يلعبان، وشرع يراقبهما، وغضَب الغيرة يَستَعِر في نفسه ويملأ قلبه؛ إذ فضَّل هواكنثوس أبولو عليه. وفجأة بلغ غضب زفيروس ذروته، فلم يعد يحتمل تلك الإهانة أكثر من ذلك، فانتظر حتى جاء دور أبولو ليقذف الجلة. وبينما هي تخترق الهواء أمسك بها إله الريح الغربية بقبضته غير المرئية وغيَّر اتجاهها، وأرسلها بقوةٍ قاتلةٍ شطر هواكنثوس. فأصابت القذيفة الثقيلة الصبي في رأسه، فسقط على الأرض فاقدَ الوعي. وعبثًا ضاعت كل جهود أبولو في إعادة الحياة إليه، فحزن عليه أبولو أبلغ الحزن وأَمَرَّه وهو راقد يحتضر. ولما لفَظَ روحه أخذ أبولو جثته بين ذراعيه، ووعده بحياة خالدة.

صاح أبولو يقول للغلام: «ها أنت قد مِتَّ، ولكن ستخرج من دمك زهرة يحبها الجميع.»

ما إن أتم أبولو كلامه، حتى انبثقت من الأرض زهرة رقيقة أرجوانية اللون تشبه الزنبق، وقد نُقش على وريقاتها التويجية الكلمتان «الويل، الويل»، فأطلق الإغريق على هذه الزهرة اسم هواكنث، وهي زهرة الخزامي، ولكنها تسمى اليوم «إيريس» أي زهرة السوسن؛ تكريمًا لإيريس ربة قوس قزح.

أبولو وماربيسا

رفضت الفتاة ماربيسا، ابنة الملك إيفينوس، «حب أبولو»، وقد اتَّصف أبوها بالأنانية، فأراد أن يُبقيها معه طول حياته دون أن يزوِّجها لأي رجل، رغم أنها كانت على قدرٍ عظيمٍ من الفتنة والجمال، ولها كثير من العشاق. وأخيرًا ضاقت حلقة المنافسة بين أولئك المعجبين بها إلى اثنين فقط هما: إيداس، ذلك الشاب النبيل والشجاع، ذو القسمات الحلوة، والرب العظيم أبولو. وكانت ماربيسا تفضِّل منهما إيداس، الذي ألحَّ على والدها في أن يزوجه إياها، بيد أن إيفينوس رفض طلبه في غضب، وهدده بالقتل إن عاد إليه مرةً أخرى.

يئس إيداس من الحصول على ماربيسا كزوجة، إلا أن نبتيون هبَّ إلى نجدته في تلك اللحظة. فقدم إله البحر إلى إيداس عربة عجيبة شدت إليها، ليس أسرع الجياد الموجود على سطح الأرض فحسب، بل وزودها بزوج من الأجنحة لتزيد في سرعتها أيضًا. انتظر إيداس في تلك العربة بجانب البئر التي اعتادت ماربيسا أن تأخذ منها

الماء لأسرتها، فلما جاءت أغراها على أن تهرب معه. وما إن صعدت إلى جانبه، حتى انطلقت العربة تسابق الريح، فطار النبأ إلى إيفينوس بما حدث، فركب عربته وهو غاضب أشدَّ الغضب، وخرج من فوره يطاردهما، ولكن عبثًا حاول؛ إذ كان إيداس وماربيسا بعيدَيْن عن متناول يده.

غير أن أبولو لم يقبل أن يحظى إيداس بيدِ ماربيسا بمثل هذه السهولة، فظهر أمام العربة المسرعة، وأمسك بأعنَّة الخيل، وأمر إيداس في غطرسة بأن يتنازل له عن هذه الفتاة. ورغم أن إيداس كان يعلم يقينًا أن حتفه مؤكد، فقد استعدَّ لأن يقاتل من أجلها حتى الموت. ومرةً ثانية خف نبتيون إلى مساعدته، فبينما كان جالسًا إلى جانب جوبيتر في أوليمبوس الشاهق، توسَّل إلى ملك الآلهة والبشر أن يقيم العدل في تلك المنافسة غير المتعادلة. وعلى هذا سمع قصف الرعد يزلزل الجو في نفس اللحظة التي تكلم فيها أبولو.

سمع أبولو هزيمَ الرعد، فانحنى إلى الأرض، وارتجف ذعرًا ووَجَلًا؛ لأنه أدرك علامة جوبيتر. وبعدها جاء صوت جوبيتر نفسه يأمره بقوله: «دع الفتاة تقرر بنفسها بمن تتزوج.»

وهكذا ترافع العاشقان أمام الفتاة: العاشق البشري والإله. فوعدها أبولو بالسعادة الدائمة والعلم بالماضي والحاضر والمستقبل، وأن يكون بمقدورها منح البركة أو اللعنة للبشر، وأن ترفع من تشاء وتسقط من تريد. ثم جاء دور إيداس، فقال في ذلةٍ بالغةٍ إنه لا يستطيع أن يقدم لها أيَّ شيء غير الحب، ولا يمكنه أن يطلب شيئًا سوى الشفقة على شخص يعتبر جمالَها بالنسبة له نورَ الدنيا كلها.

وبينما كان إيداس يتكلم، مدت ماربيسا إليه يدها، وقالت: «وقع اختياري على إيداس؛ لأنني وإياه سنشيخ معًا، وسأظل أحبه ويحبني حتى نبلغ من الكبر عتيًّا. أما أبولو فسيأتي وقت يملني فيه، أنا الإنسانة الذابلة.»

أحنى أبولو رأسه احترامًا لقرارها، ورجع إلى مساكن أوليمبوس غير غاضب، بل حزينًا. بينما سار إيداس وماربيسا معًا ترافقهما السعادة والفرحة.

فايثون وأيسكولابيوس

كان لأبولو ولدان أهلكهما جوف بصواعقه، أولهما فايثون ابن أبولو والحورية كلوميني. رُبِّي كإنسان، ولكن أمه كانت تشير دائمًا نحو السماء، وتقول له إن والده إله الشمس. وعندما أخبر فايثون زملاءَه في اللعب، بهذا سخروا منه، ولم يصدقوا أنه من نسل إلهي، فكان يذهب إلى أمه باكيًا، ويخبرها بما حدث، فتُهدئ من روعه، وتخبره بأنه إذا زار إله الشمس أبولو، فإنه سيعترف بأنه ابنه، ويثبت للعالم طرًّا أنه من ذرية إله.

وبناءً على هذا، خرج فايثون مُيممًا قصر أبولو الكائن على مسافة بعيدة، حيث يلتف مجرى أوقيانوس حول حافة الأرض. فوصل إلى بيت والده، فوجد أباه الإله واقفًا هناك في أثوابه المتلألئة العَطِرة، تحوم حوله الأيام والساعات والفصول والسنون. فدبت الرهبة في قلب ذلك الشاب؛ لما شاهده من عظمة، وأخرس لسانه فلم يستطع الكلام، ولكن إله الشمس أمره بعبارات رقيقة بأن يخبره بما يدور في خلَده.

فقال الغلام متلعثمًا: «هل أنا ابنك حقًّا؟» عندئذٍ أحدق أبولو النظر إلى الغلام، وتعرف على ابنه، فقبَّله واحتفى به كثيرًا.

سأله أبولو ابنه يقول: «ولكن ماذا جاء بك في مثل هذه الرحلة البعيدة؟»

فقص فايثون قصته على أبيه، وطلب منه أن يهبه أمنية.

توسل فايثون إلى أبيه بقوله: «امنحني أن تحقق لي أمنية، وسأكون راضيًا كل الرضا مجرد أمنية واحدة.»

فلما أبصر أبولو الدموع تترقرق في عيني ابنه، وشاهد أمارات المحنة بادية في وجهه، أجابه في الحال إلى ما طلب.

أقسم أبولو هكذا: «ورأس جوبيتر، ستنال أي شيءٍ تطلبه.»

سر فايثون سرورًا عظيمًا، وصاح بسرعةٍ يقول: «دعني أقود عربة الشمس في السماء يومًا واحدًا فحسب.»

فلما سمع أبولو ما قاله ابنه، فزع من فرط جُرأته. وعبثًا حذَّره من الأخطار الجسام التي سيتعرَّض لها، ومن المخاطر المريعة التي تنطوي عليها مثل هذه الرحلة، ومن شراسة الجياد التي عليه أن يسوقها ووحشيتها، ومن الحرارة الشديدة التي ستحيط به، ولكن على الرغم من كل ذلك، ما من شيءٍ أمكن أن يثني فايثون عن عزمه، طالما وعده والدُه.

وهكذا أحضرت الجياد العظيمة في صباح اليوم التالي، وهي تنفثُ اللهب من خياشيمها، وتعض على اللُّجُم في وحشية، فشدت إلى العربة. وعندئذٍ ودع أبولو ابنَه متحسرًا حزينًا، وساعده في الجلوس داخل العربة. وما إن أمسك الغلام بالأعنَّة، حتى انطلقت الجياد تقفز خلال السماء. وعلى الفور تقريبًا أحست تلك الخيول بيدٍ ضعيفةٍ غير مألوفةٍ لها تمسك بالأعنة. وبعد فترةٍ قصيرةٍ جمحت، ولم يستطع فايثون أن يسيطر عليها، وصار مَنْظَر الشمس غريبًا في ذلك اليوم؛ إذ ترتفع العربة أحيانًا إلى علوٍّ بالغٍ وسط السماء، فيشتد البرد على سكان المعمورة أسفلها. وعند مرور العربة فوق أفريقيا انخفضت إلى درجةٍ كبيرةٍ، فاحترقَ كل شخصٍ بتلك القارة.

وأخيرًا بدا كما لو أن الأرض كلها ستتجعَّد وتتحطَّم بواسطة الحرارة الشديدة، فتوسل البشر جميعًا إلى جوبيتر أن يساعدهم. فوضع يده مترددًا على صاعقة، وقذف بها في ترددٍ أيضًا، فاحترق فايثون، وسقطت كتلة من اللهب، كأنه نجم يهوي على الأرض مباشرة. وإذ صارت جياد الشمس بغير قائد، عادت تلهث إلى حظائرها. فحزن أبولو على ابنه حزنًا ما بعده حزن، ورفض الظهور محتجبًا عدة أيام، تاركًا السماء تكسوها السحب السوداء، كما حزنت شقيقات فايثون عليه حزنًا شديدًا، فتحولن إلى أشجار حور.

هذا ما كان من أمر فايثون، أما كيف لقي أيسكولابيوس حتفه، فشيء آخر يختلف عن هذا. كان أيسكولابيوس ابن أبولو والأميرة التسالية كورونيس، التي ماتت أثناء ولادته. فعهد أبولو إلى خيرون، وهو واحد من جنسٍ غريب الشكل من الآلهة يطلق عليهم اسم قنطور، صُوروا على هيئة مخلوقات كلٌّ منها نصفه لحصان ونصفه الآخر لرجل، ويقال إنهم كانوا نسل رجل من البشر اسمه إكسيون وإحدى السحب، عُهد إليه بتعليم أيسكولابيوس. وقد حدث في إحدى المناسبات أن أقامت قبيلة اللابيثيين وليمة عرس فخمة دُعي إليها القنطور، فأحدث هؤلاء شغبًا وعاثوا في الحفل فسادًا، فهاجمهم المدعوون الآخرون وطردوهم من وطنهم تساليا. وقد شُغف قدامى المصورين بتصوير هذه المعركة.

كان خيرون هذا أكثر القنطور حكمة وعقلًا ونبلًا، تلقى علومه على يد أبولو وديانا، فبرع في الصيد والطب والموسيقى وفن التنبؤ. وكان معلم كثير من عظماء الأبطال الأغارقة، وحتى في عصور لاحقة، صار ليوناردو دافنشي الذي كان حتى ذلك الوقت من أعظم العباقرة في العالم كله، صار يهذي في بعض الأوقات، ويقول إنه رأى خيرون وتحدث إليه.

لم يبذل خيرون جهدًا لأحدٍ ما أكثر مما بذل لأيسكولابيوس؛ إذ صار ذلك الطفل يزيد عقلًا وحكمةً يومًا بعد يوم. وعندما كبر وبلغ مبالغ الرجال أصبح طبيبًا عظيمًا. ولم يقتصر طبه على شفاء المرضى فحسب، بل رد الحياة إلى رجلٍ ميت ذات مرة. بعد ذلك خشي جوف أن يطرد نمو فن العلاج واتساع أفقه لدى أيسكولابيوس، فيساعد البشر على الإفلات تمامًا من الموت. وعلى ذلك قذفه بصاعقةٍ أردَتْه قتيلًا محترقًا. غير أنه وضعه بعد ذلك بين النجوم في السماء. وكان لأيسكولابيوس ولدان صارا طبيبين أيضًا، ولكنهما لم يبلغا عظمة أبيهما، الذي صار إله الطب، ويُصوَّر عادة يحمل عصا التفَّ حولها ثعبان.

راعي الملك أدميتوس

ملأ موت فايثون أبولو حنقًا ضد جوبيتر، وزاد في ذلك الحنق موت أيسكولابيوس. فلم يقنع أبولو في هذه المرة، بمجرد أفكار الغضب وألفاظه، وإنما أراد بطريقةٍ إلهيةٍ أن يصبَّ جام غضبه على صانعي صواعق جوف الأبرياء، وهم الكوكلوبس ذوو العين الواحدة، الذين يعملون في مصنع حدادة فولكان تحت بركان جبل إتنا. فما كان منه إلا أن أطلق عليهم سهامه القوية فأبادهم، فثارت ثائرة جوبيتر من أجل هذا العمل غير المتصف بالعدل، وصمم على أن ينفي أبولو في ديجور ظلام العالم السفلي، غير أن والدة أبولو تدخلت في الأمر. وأخيرًا اكتفى جوبيتر بأن يعاقبه على شروره، فحُكم عليه بأن يخدم رجلًا من البشر مدة عام كامل.

اختير أدميتوس ملك فيراي في تساليا لشرف أن يكون سيد إله الشمس أبولو. فكلف أدميتوس أبولو بأن يرعى قطعان أغنامه. فدأب أن يجول بالأغنام مدة الاثني عشر شهرًا، متنقلًا على طول شاطئ النهر، وعبر مراعي ذلك الملك. وتقول الأسطورة: إنه لكي يسلي أبولو نفسه تعلم العزف على القيثارة، فسحر بها ألباب جميع مَن سمعوه بموسيقاها العذبة.

وهكذا كان الملك أدميتوس رقيقًا في معاملة أبولو، فتولد عند أبولو شغَفٌ عظيم بسيده البشري أدميتوس، وعقد العزم على أن يساعده في كل أمر، وبكل الطرق الممكنة. فبينما كان أبولو يرعى قطعان أغنام أدميتوس، زاد نتاج هذه الأغنام وتكاثرت بصورةٍ غير عادية، وبلغت أعدادها فوق كل ما كان متوقَّعًا. كما ساعد أبولو أدميتوس في ناحيةٍ أخرى، أراد أدميتوس أن تكون عروسه عذراء فاتنة تدعى ألكستيس ابنة بيلياس أحد أبناء نبتيون. غير أن بيلياس أعلن أنه لن يزوج ابنه لأي رجلٍ إلا إذا جاء يطلب يدها في عربة تجرُّها السباع والخنازير البرية، فيئس أدميتوس؛ لاستحالة تنفيذ هذا المطلب. فلما علم أبولو بشروط بيلياس، خف إلى مساعدة أدميتوس، وجعله

يشد إلى عربته الأسود والخنازير البرية، وساقها إلى قصر بيلياس. وعندئذٍ اضطر هذا الأخير إلى تنفيذ وعده، فصارت ألكستيس زوجة أدميتوس السعيدة.

أدميتوس وألكستيس

وفيما يختص بحياة هذين الزوجين بعد ذلك، تُروَى أسطورة من أجمل الأساطير الإغريقية.

فبعد عدة سنوات من الحياة الزوجية السعيدة، مرض أدميتوس مرضًا خطيرًا ألزَمَه الفراش. وسرعان ما اتضح أن ساعة موته قد دنَتْ، وذهبت كافة جهود ومهارة أطبائه أدراج الرياح. وكذلك لم تُجدِ محاولات أبولو، الذي كان يتوق إلى ردِّ جميل أدميتوس عندما كان أبولو راعيًا عنده، ولكن أبولو ذهب إلى جوبيتر، وطلب منه أن يسدي إليه معروفًا من أجل أدميتوس.

فقال جوبيتر: «إذا كان هناك أي شخص يرغب في أن يموت بدلًا من أدميتوس، يمكن استبدال حياة هذا بذاك، فيطول عمر أدميتوس بمقدار السنوات الباقية من عمر ذلك الذي سيموت مكانه.»

عاد أبولو إلى قصر أدميتوس مبتهجًا يحمل بشرى قرار ملك الآلهة والبشر. فلما دخل القصر وجد أهل أدميتوس وأصدقاءه وأتباعه وجنوده يذرفون الدموع مدرارًا حول الملك. فساد بينهم السكون عندما اقترب أبولو ورفع يده. أعلن إله الشمس الكيفية التي يمكن بها إنقاذ حياة الملك أدميتوس حسب قرار جوبيتر، وفكر أبولو في قرارة نفسه: «من المؤكد أن جميع هؤلاء المحزونين سيتقدمون عن طِيب خاطر للموت، بدلًا من الملك.»

غير أنه بعد أن انتهى أبولو من إعلان قرار جوبيتر، لم يرد أي صوتٍ على كلامه. فاستدار نحو والدي أدميتوس العجوزين، وتوسل إليهما بذل حياتهما من أجل حياة أدميتوس، فرفضا قائلَيْن إنهما يرغبان في التمتع بالأيام القليلة الباقية لهما. فاتجه بعد ذلك إلى أتباعه، الذين كثيرًا ما قادهم أدميتوس في القتال، ثم إلى حاشيته الذين كثيرًا ما أكدوا له في لهجة التملق بأنهم على استعداد لأن يموتوا بدلًا منه لو أصابه أقلُّ مكروه، ولكنهم جميعًا أصموا آذانهم عن توسلات أبولو.

وفي نفس الوقت الذي كان أبولو يناقش فيه أولئك المرائين، ارتفع صوت في وضوح وشجاعة. إنه صوت ألكستيس زوجة الملك.

قالت: «سأموت مسرورة؛ من أجل إنقاذ حياة زوجي.»

ذُعر أبولو لذلك القول.

فصاح فيها أبولو يقول: «ماذا؟! تبذلين حياتك من أجل حياته! فكري كذلك في أطفالك الصغار، وفي أنك ستتركينهم بدونك وبدون أم، تتركينهم لعناية عالم لا يرحم! من الأفضل أن يموت أدميتوس، من أن تقدمي حياتك فداء عن حياته.»

قال أبولو هذا، واستدار لينصرف، ولكن ألكستيس جرت خلفه، وأخبرته بأنه يجب عليه تنفيذ أمر جوبيتر. وعلى ذلك وافق والحزن يملأ فؤاده، فرقدت ألكستيس على سرير. وبالتدريج أخذ وجهها يمتقع، والقوة تغادر أعضاءها، وأنفاسها تضمحل وتضعف، إلا أنه بينما كانت الحياة تنحسر عن جسمها، عادت في قوة متزايدة إلى أدميتوس.

عاد الدم إلى مُحيَّاه، وأحس بالنشاط يدب في أوصاله، وحيويته تتجدد وتسري في أحنائه من قمة رأسه إلى أخمص قدمه. وفي بضع دقائق قام من على السرير الذي كان راقدًا فوقه صحيحًا مُعافى، وموفور الصحة كما كان أيام شبابه.

أما ألكستيس؛ فكانت راقدة على سريرها تحتضر.

في هذه اللحظة بالذات، حدث انقلاب غريب، فقد شاءت الصدفة أن يمر البطل العظيم هرقل (ستُروى عنه قصص كثيرة في بابٍ لاحق) خلال تساليا في ذلك الوقت، واتجه نحو قصر أدميتوس؛ ليقدم له فروض الاحترام. فلما اقترب من أبواب القصر، دُهش للسكون الغريب المخيم هناك، وأذهله أنه ما من حارس طلب منه أن يقف، وما من خادمٍ أقبل لتحيته، وعندما اقترب إلى مسافة أكثر، سمع البكاء والنحيب ينبعثان من الحجرة التي بها أدميتوس. فاتجه نحو تلك الحجرة، ووقف أمام بابها دون أن ينتبه إليه أحد، وسمع كل ما كان يجري بداخلها.

وبينما هو يصغي إلى عرض ألكستيس السامي، وبينما هو يلاحظ شُحوب الموت يدِب في جسمها، امتلأ إشفاقًا أن تموت مثل هذه المرأة الباسلة. وفي هذه اللحظة سمع حفيفًا، فاستدار حوله، فرأى الموت إلى جانبه تمامًا، وهو شبح يرتدي ثيابًا حالكة السواد، وتقدم الموت يتسلل خلسة يتأهَّب لأن يخطف ألكستيس في قبضته، إلا أن هرقل الذي لم يفزعه أي إرهاب، سواء أكان سماويًّا أو أرضيًّا، أو من الأعماق تحت الأرضية، اعتزم فجأة أن يعمل شيئًا.

صاح هرقل يقول لنفسه: «لن يحدث أبدًا أن يأخذ الموت هذه الروح النبيلة!»

وبينما هو يقول هذا، اندفع إلى الأمام فقبض على الموت، ذلك المادة غير المحسوسة والمشئوم الطالع. وعبثًا حاول الموت الإفلات من قبضة هذا البطل الحديدية، الذي استخدم جميع خداعات المصارعة. وأخيرًا وبعد لَأْيٍ كف الموت عن النضال، وأسلم ألكستيس إلى هرقل. فوضعها البطل بدوره بين ذراعَي زوجها. وعند ذلك تبدل حزن التساليين العميق إلى فرح عظيم، واستحال عويل أطفال ألكستيس الصغار إلى بهجةٍ وجذل، وقدم الجميع الشكر للآلهة ولهرقل.

هكذا عادت الحياة إلى ألكستيس بمعجزة، فعاشت مع زوجها في سعادةٍ وعزٍّ سنواتٍ عديدة، وسُرَّ كل من البشر والآلهة. ولما بلغت سن الشيخوخة أخيرًا ماتت، أما أدميتوس فمات بعدها بوقتٍ غير طويل.

مقتل التنين بوثون

الألعاب الرياضية

قتل أبولو وحشًا عملاقًا مفترسًا كان يُلقي الرعب في نفوس الأهلين، فوقره البشر وكرموه تكريمًا عظيمًا.

كان هناك تنِّين متوحش يعيش على جوانب جبل بارناسوس، اسمه بوثون لم يضايق البشر الذي يلتقي بهم في طريقه فحسب، بل وكان يعترض طريق الآلهة أيضًا. فذات مرة رفع هذا التنين رأسه في غضبٍ؛ ليهاجم لاتونا والدة أبولو وديانا. فنادت ابنها لنجدتها، فأسرع أبولو إلى ذلك الجبل، وبحث عن التنين حتى عثر عليه،

فدارت بينهما معركة مريرة، ولكن سرعان ما سقط هذا الثعبان قتيلًا يتلوى فوق الأرض، بعد أن اخترقت جسمه سهام أبولو.

أولع الأغارقة بالمباريات، وأعجبوا بالبسالة الرياضيَّة أيَّما إعجاب. فبعد أن قتل أبولو التنين بوثون، أقاموا الألعاب البوثية، وصاروا يقيمونها في فتراتٍ منتظمة في مدينة دلفي؛ تكريمًا لذلك الإله، وتخليدًا لذكرى انتصاره على التنين العملاق. والألعاب الأكثر أهمية من هذه هي الألعاب الأوليمبية، التي كانوا يقيمونها تكريمًا لجوبيتر كل أربع سنوات؛ فقد اهتم الإغريق اهتمامًا بالغًا بهذه الألعاب، حتى إنهم صاروا يحسبون تقويمهم بناءً عليها، فيقولون إن ذلك الحادث وقع في الأوليمبياد (أي فترة أربع سنوات بين احتفالي ألعاب متعاقبين) السابع أو في الأوليمبياد التاسع والسبعين. كذلك احتفلوا بالألعاب النيمية تكريمًا لجوبيتر أيضًا.

وفي هذه الألعاب وغيرها من الألعاب الأخرى، كان الأغارقة، الذين يحارب بعضهم البعض الآخر، يشتركون معًا فيها بروح الود والصداقة، يتبارون في إخاءٍ، ويقدمون فروض الطاعة للآلهة مجتمعين معًا. فيخصصون يومًا لتقديم الذبائح والمواكب، وبعده تأتي ثلاثة أيام للمباريات، ومنها: سباق الجري الذي تختلف أشواطه ما بين مائتي ياردة إلى ثلاثة أميال، ومباريات الألعاب الخمس، وتشمل خمسة أنواع من المهارات، وقذف الجلة، وقذف الرمح، والعَدْو، والقفز والمصارعة، وسباق العربات المصحوب بكثيرٍ من الإثارة، والذي كثيرًا ما تغنى بوصفه الشعراء، والملاكمة وأشواط المصارعة. وإلى جانب هذه الألعاب يتبارى الشعراء والموسيقيون. وفي اليوم الأخير من العيد، تُمنح الجوائز للفائزين، وهي عبارة عن أكاليل جميلة تختلف تبعًا للإله صاحب العيد. وكانت أكاليل الألعاب الأوليمبية من أغصان الزيتون، وأكاليل الألعاب البوثية من أغصان الغار، وأكاليل الألعاب النيمية من المقدونس.

وعقب الألعاب تُقدم ذبائح جديدة، ويُقام الكثير من الولائم، ويُكرم الفائزون في شتى المباريات تكريمًا عظيمًا. ليس عندئذٍ فحسب، بل وبعد انصراف الحشود أيضًا. ويَنظم الشعراء القصائد عنهم، ويُصوِّرهم النحاتون بتماثيل من البرنز وأخرى من الرخام. كما تحتفل بهم مدنهم عند عودتهم إليها، فتستقبلهم الوفود بالترحيب والتهليل، وتنشد أناشيد الكوروس. هذا ويمنح اللاعب الذي يفوز في ثلاثة أعياد أوليمبية، شرف إقامة تمثاله في العراء أمام معبد جوبيتر.

قصص ديانا

قصة إنديميون

كانت ديانا، ربة القمر، باردة العاطفة ومنطوية على نفسها، كالفلك الذي تحكم عليه. واعتُبرت بنوعٍ خاصٍ حامية العذراوية المتزمتة. وكان يطاردها في بعض الأحيان، قليل من العشاق، ولكنها لم تستسلم إليهم إطلاقًا، وأعدت لبعضهم مصيرًا قاسيًا. غير أنها أحبت ذات مرة، أحبت إنديميون.

كان إنديميون هذا راعيًا شابًّا، يرعى قطعان أغنامه على المنحدرات الخضراء لجبل لاتموس. وكان شابًّا رائع الجمال، ونبيل الأخلاق، حتى إن أهل المنطقة التي يعيش فيها نظروا إليه والرهبة تملأ قلوبهم، وقالوا إنه لا بد أن يكون ابن جوبيتر. وفي إحدى أمسيات الصيف، بعد أن رعى أغنامه، رقد تحت شجرة بلوط، واستغرق في نومٍ عميق، بينما كان الكون في ظلامٍ دامس لا يُنيره سوى ضوء النجوم، ولكن بعد فترةٍ وجيزة، بينما كانت ديانا تقود عربتها الفِضية عبر السماء، أنارت الجبل والوادي. وكانت تسوق جيادها الناصعة البياض في بطء. وبينما هي تسوقها، نظرت إلى الأرض تحتها، فإذا ببصرها يقع على إنديميون النائم، وفجأة تغلغل في قلبها حب ذلك الصبي الراعي الوسيم.

رنَتْ إليه ديانا، وقد تملكها ارتباك. وكان يسرها أن توقظه فتبثه غرامها، ولكنها لم تجرؤ على أن تفعل ذلك؛ لأنها كثيرًا ما نهرت الآلهة الآخرين على إعجابهم بالبشر. وطالما افتخرت بأنها هي نفسها ذات مناعة ضد مثل ذلك الضعف، وبأنها ربة العذراوية اللامتغيرة، فكيف وقعت هي الآن في الحب؟

وعلى هذا، تسللت من عربتها خلسة، وجلست إلى جانب إنديميون، وقبلته برفق لئلا توقظه. وأضفت على نومه أحلامًا لذيذة، كثيرًا ما يتخلَّلها شبح ربة القمر يخطر أمامه، فيتنهد إنديميون في نومه سعيدًا، وهكذا كانت ديانا تقضي الليلة بعد الليلة.

ولكن الآلهة الآخرين بدءُوا يلاحظون كثرة غياب ديانا عن السماء، وأن عربتها تسير بسرعة غير منتظمة عبر السماء، ثم شرعوا يتجسَّسون عليها. وسرعان ما انكشف سرها وذاع بين كل مَنْ في أوليمبوس الشاهق، وكان بعضهم، ولا سيما فينوس، يود لو يسخر منها لولا أن جوبيتر قمعهم. وخشي أبو الآلهة والبشر أن يأتي وقت تهمل فيه ديانا، بسبب ذلك الصبي الراعي، تهمل واجبها الأصلي، وهو إضاءة السماء ليلًا.

لذلك اعتزم جوبيتر أن يفرض على إنديميون اختيارًا عسيرًا. فاستدعى إليه ذلك الشاب وخيَّره بين أمرين لا ثالث لهما. إما أن يموت بأية طريقة يختارها، أو يغط في نوم أبدي. فاختار إنديميون المصير الأخير، ولا يزال نائمًا في كهف بجبل لاتموس، حتى تستطيع ديانا أن تنظر إليه من نقطةٍ معينةٍ، وهي في طريقها عبر السماء.

كيف صار أوريون من ساكني السماء

اعتقد الإغريق أن مجموعة نجوم أوريون (برج الجوزاء) كانت في الأصل جسمَ عملاقٍ ضخم ابن نبتبون. كان رجلًا جميل المنظر وصيادًا متحمسًا، يزهو كثيرًا بمنظره وبمهارته في الصيد. وقد أولعت به ديانا ولعًا كبيرًا، حتى اشتبه البعض في وجود علاقة حب بين ربَّة القمر وبين أوريون. وفي بعض الأحيان نهرها أبولو على شدة اهتمامها بهذا الصياد، ولكن دون جدوى.

وذات يوم أشار أبولو لشقيقته إلى نقطةٍ سوداء بعيدة في المياه، وتحداها أن تستطيع إصابتها بسهمها. فما كان منها إلا أن أمسكت بقوسها، وأطلقت منها سهمًا أصاب النقطة. غير أنها أدركت بعد فوات الأوان، أنها قتلت أوريون. فحزنت عليه، ثم وضعته بين النجوم في السماء، حيث يتبعه كلبه سيريوس (نجم الشعرى) يجري أمامه الأرنب، وتفزع من مجيئه البلياديس (برج الثريا).

ويعتقد الإغريق أن البلباديس كانت عذراوات بنات أطلس، طاردهن أوريون حتى برِمْن به، فطلبن العون من جوبيتر، فحولهن إلى يمام، ثم إلى نجوم.

انتقام ديانا وأبولو

إن حقد أبولو الظاهر في بعض الحلقات، ليتجلى أيضًا في قصة نيوبي ابنة ملك تانتالوس، تزوجت نيوبي بأمفيون بن جوبيتر. وفي وقتٍ ما دأبت على أن تزهو بنسبها وبزوجها وبأسرتها المكونة من سبعة أبناء شجعان وسبع بنات فاتنات، وتمادت في زهوها بغطرسةٍ وصلَف.

وذات مرة، في عيد لاتونا والدة أبولو وديانا، أخذت نيوبي تملأ شدقيها فخرًا بأسرتها، حتى خرجت عن طورها فأمرت الناس، في غرورها الكاذب، بأن يكفوا عن عبادة لاتونا ذات الطفلين الاثنين، ويقدموا لها (أي لنيوبي) فروض التبجيل بدلًا من لاتونا، وأن يكون تبجيلهم إياها سبعة أضعاف تبجيلهم لاتونا.

سمعت لاتونا بهذا الصلف، فخاطبت ابنها وابنتها وعنَّفتهما على سكوتهما إزاء تلك الغطرسة، وكانا هما أنفسهما حانقين من قبلُ مثلَ والدتهما؛ لاختيال نيوبي وتكبرها، فصمما على معاقبة تلك المرأة الحمقاء من فورهما.

سرعان ما انطلق أبولو وديانا إلى المدينة التي تقيم فيها نيوبي، وألقيا نظرة فاحصة على المنظر الذي أمامهما، فلاحظا أبناء نيوبي السبعة بين المشتركين في الألعاب الرياضية فوق السهل. وبسرعة حملا قوسيهما على كتفيهما، فطارت منهما السهام تصرع جميع أبناء نيوبي السبعة.

رغم هذا لم تكف نيوبي عن زهوها متحدية لاتونا كعادتها.

صاحت نيوبي تقول: «ما زالت بناتي أفضل وأعظم من طفليك!» ولكنها ما كادت تنطق بآخر كلمة، حتى سقطت بناتها السبع صريعات أثناء بكائهن على مقتل إخوتهن. فلما رأت نيوبي ما حدث، حزنت حزنًا شديدًا حوَّلها إلى حجر، غير أن دموعها ما فتئت تنهمر، فأشفق عليها الآلهة، وحولوها إلى نافورة.

الصيد الكاليدوني

اشتهرت فتاة تدعى أتالانتا (غير أتالانتا التي سابقت هيبومينيس) بمهارتها في الصيد وفي الألعاب، وكان والدها قد تركها طفلة في غابة أركاديا فأبصرتها دبة، فقامت بتربيتها كما لو كانت جِرْوَها. كبرت هذه الفتاة تحت الحماية الخاصة للربة ديانا، وصارت صيادة بالغة الجرأة.

حدث في منطقة كاليدونيا أن أهمل حاكمها أينيوس، تقديم بعض الفروض الواجبة للربة ديانا. فغضبت هذه الربة، وأرسلت خنزيرًا بريًّا ضخمًا ليعاقبه، فانطلق هذا الوحش يعيث فسادًا في الأراضي فدمَّر محاصيلها، وأتى على الأخضر واليابس فيها.

رأت ألثايا زوجة أينيوس، فيما يراه النائم، ربات القدر الثلاث يغزلن نسيجَ حياة ابنها ملياجر، الذي كانت قد ولدته حديثًا، وسمعت بعض حديثهن.

قالت إحدى ربات القدر: «بمجرد أن يتم احتراق قطعة الخشب هذه، المتَّقدة في وطيس أمه، ستنتهي حياته.»

استيقظت ألثايا من حلمها مذعورة، وجرت بسرعة إلى الوطيس، فأخرجت منه قطعة الخشب المتقدة، وأطفأتها بالماء، وخبأتها بعناية وسط أنفس كنوزها.

كبر ملياجر وصار شابًّا يافعًا جريئًا، أحبه كل من عرفه. فلما بلغه أمر ذلك الخنزير البري، أصر على أن يجعل من مقتله عيدًا عظيمًا. فبعث الرسل إلى جميع أنحاء البلاد الإغريقية يطلب اشتراك كل أبطالها في صيد ذلك الخنزير. فلبوا نداءه بنفوس راضية، ومن بين الأبطال جاءت أتالانتا متلهفة لأن تكون قاتلة ذلك الوحش. وعندما أقبلت التقت بملياجر وجهًا لوجه، وعلى الفور، وقع البطل الشاب ملياجر في غرام أتالانتا.

ظل ملياجر طوال الصيد إلى جانب أتالانتا، ولكي يفوز برضاها قام بعدة أعمال بطولية رائعة. وعندما طرد الخنزير أخيرًا من مكمنه، كان ملياجر هو الذي أصابه بالضربة القاتلة، فوقع الوحش أمامه صريعًا.

سُلخ الخنزير فكان جلده الضخم أعظم تذكار صيد، وسُلِّم إلى ملياجر، فقدمه هذا بدوره إلى أتالانتا. وعندما فعل هذا تذمر اثنان من إخوة ألثايا، وكانا ضعيفي العقل.

صاح الأخوان قائلَيْن: «ما هذا؟! أيصح أن يقال إن جائزة عظيمة كهذه تذهب إلى مجرد فتاة؟ يجب أن تعلق إلى الأبد في قصر الملك.»

لما انتهى الأخوان من قولهما هذا، تقدما غاضبَيْن نحو أتالانتا، وخطفا من يدها جلد الخنزير بخشونة. فلما رأى ملياجر ما حدث، سحب قوسه إلى كتفه، فأطلق منها سهمين نحو خاليه، فأرداهما قتيلين على الأرض يتخبَّطان في دمائهما.

نظر الحاضرون إلى جسميهما فزعين، وفي الحال أسرع رسل الشر إلى بلاط الملك، فملئُوا الجو عويلًا. فسمعتهم ألثايا وخرجت لترى ما الخطب. فلما علمت بما حدث تملكها غضب شديد أفقدها وعيَها، فأسرعت إلى المكان الذي احتفظت فيه بكنوزها، وأمسكت بقطعة الخشب التي خبأتها عند مولد ملياجر، ودون أن تسمح لنفسها بوقتٍ للتفكير، ألقت بها وسط اللهب المشتعل في الوطيس، فالتهمتها النار في لهفة، وسرعان ما احترقت عن آخرها.

في تلك الأثناء، كان ملياجر يتحدث آسفًا إلى أتالانتا في مكان الصيد. وفجأة انتابته آلام شديدة، فسقط على الأرض يذوي، وما هي إلا بضع دقائق حتى لفظ آخر أنفاسه.

لما علمت ألثايا بموت ابنها، ثابت إلى رشدها، وأدركت خطأها وهي غاضبة بسبب أخويها، وعرفت كيف تحقق الحلم الذي رأته يوم ولادة مِلياجر، وأن قطعة

الخشب التي التهمَتْها النيران قد أنهت حياة ابنها، ففنيت نفسُها يأسًا.

آلهة الطبيعة

نظرة قدامى الأغارقة إلى الأرض

ظل الإغريق، لعدة عصور، يعتقدون أن الأرض مسطحة، وأن بلادهم تقع في وسطها تمامًا، وأن البحر الأبيض المتوسط (البحر الأوسط كما يدل اسمه) يمر بمركز قرص الأرض، وأن نهر أوقيانوس يجري حول الحافات. وفي أقصى الشمال يقيم سكان الشمال، في أرض الربيع الدائم إلى مسافة بعيدة وراء الجبال التي تهبُّ على منحدراتها وتجاويفها رياح الشتاء الشمالية. ونحو الجنوب يقيم الأثيوبيون الذين أحبهم الآلهة كثيرًا، ولا سيما بنتيون. ونحو الغرب تقع الجزر الإليوسية، وهي نوع من الفردوس.

ويسير فراقدا السماء من مجرى المحيط، ثم يعودان إليه ثانية. ففي كل يوم تسير الشمس ثم القمر في عربتيهما خلال السماء. وكذلك تفعل النجوم ومن الغرب، حيث تغرب الشمس يُنقل إله الشمس في قارب مجنَّح؛ ليعود به إلى نقطة بدايته.

آلهة الأرض

ربة الأرض ومحاصيلها وثمارها هي كيريس (ديميتير الإغريقية)، شقيقة جوبيتر. وتضم عبادتها تقديس بذرة الحياة في كل مظاهرها، كانت حامية الفلاحين، وقد صوروها تضع إكليلًا من سنابل القمح أو شريطًا بسيطًا حول رأسها، وتمسك في يدها صولجانًا أو ثمرة خشخاش، وأحيانًا أخرى قرن الإخصاب تتناثر منه الحبوب والثمار. وكانت ابنتها بروسربينا ربة وقت الربيع.

ومن أشهر الآلهة الآخرين المرتبطين بالأرض بنوعٍ خاص: باخوص (ديونيسوس الإغريقي) وبان.

أما باخوص، فهو ابن جوبيتر وسيميلي. وقد عهد جوبيتر بتعليمه إلى سيلينوس العجوز السكِّير المرح ذي الأنف الأفطس وأقدام العنزة. صار باخوص إله الخمر خاصة، وإله الإخصاب ووفرة الزروع عمومًا. واتصف بالمرح والعربدة في عبادته. ويحتفل بأشهر أعياده في شهر مارس من كل عام عندما تكون الخمر معدة للشرب. وإذ جرت العادة في بلاد الإغريق أن تُقدم العروض التمثيلية في مثل هذه الأوقات، أصبح باخوص إله الدراما والمسرح، كما أطلق عليه الرومان اسم ليبر.

يُصوَّر باخوص عادة في عربة تجرها الفهود، ويُتوِّج رأسَه إكليلٌ من أغصان الكروم واللبلاب، ويمسك في يده عصًا خاصةً تُسمى ثورسوس، وهي عصا مكسوة بأغصان اللبلاب المجدولة، وتنتهي من أعلى بكوز صنوبر، وكُرِّست له الكروم واللبلاب والفهد. وله فئة خاصة من الأتباع، ويُطلَق على تابعاته من النساء اسم المانيادبس، ويُصوَّرْن متحمسات في العربدة، يلقين أيديهن إلى الخلف، وشعرهن أشعث غير مُصفَّف، وفي أيديهن عصا باخوص.

وأما بان، ومعنى اسمه «الجميع»، فكثيرًا ما سحر ذوي الخيال حتى عصرنا هذا، وهو ابن ميركوري وإحدى حوريات الغابات. ولما كان إله قطعان الأغنام والرعاة والطبيعة، وُصِف بالتجوال بين جبال أركاديا وأوديتها، إما ليتسلّى بالصيد، أو ليرأس فرق رقص الحوريات. ويُنسب إليه اختراع مزمار الراعي، ويُصور عادة كرجلٍ ملتحٍ ذي أنف معقوف وأذنَيْ وحوافر عنزة، يكسو جسمَه الشعر، ويمسك في يده مزمار الرعاة أو خطاف الراعي. ولما كان بان إله المناظر المقفرة، وخصوصًا في المناطق الجبلية، فقد ارتبط بالخوف المفاجئ لغير ما سبب، الذي ينتاب المسافرين. وقد جاء هذا الخوف أولًا في عالم الخلاء، ثم جاء بعد ذلك وسط المعارك، ويُنسب إلى بان، ويطلق عليه اسم «بانيك»، أو خوف باني (ذعر)، ولأتباعه الساتور آذان تُشبه آذان الماعز، وأذناب قصيرة وقرون متبرعمة قصيرة، وكان سيلينوس رئيس الساتور.

والحوريات من صغار آلهة الطبيعة، وكان هناك منهنَّ أعداد كبيرة، أهمهن خمس مجموعات: الدرياد والهامادرياد، وتعيش كل منهن في شجرة، وكان المفروض أن تموت الحورية من هؤلاء بموت شجرتها. والأوقيانيد والنيرييد اللواتي يَعِشن في مياه المحيط، والنایاد المشرفات على المياه العذبة في الينابيع والأنهار والنُّهيرات والبحيرات وغيرها، والأورياد وهن حوريات الجبال والكهوف.

آلهة الفجر والظلام والهواء

تشرف أورورا (إيروس الإغريقية) على بزوغ الفجر في كل يوم، ويُطلَق عليها اسم «ابنة الصباح الوردية الأصابع». تترك مخدعها كل صباح، وتركب عربةً تجرها الخيول السريعة، فتنزل إلى السماء قادمة من نهر أوقيانوس؛ لتعلن عن قدوم الشمس، فتُرغِم نجم الصَّباح على الفرار. وفي أثناء مرورها، يهبُّ نسيم عليل، بينما يلتهب خلفها النهار، ويشتد نُوره أكثر فأكثر. وتضفي عطفها على فجر الحياة بنوعٍ خاصّ، وكان الشباب تحت رعايتها، ولا سيما عندما يخرجون في الصباح الباكر للصيد أو للقتال.

ونجم الصباح، فوسفور بن أوروا والصياد كيفالوس. كما تقول بعض الأساطير، إن نجم المساء هسبر، والد الهسبريديات وهن ثلاث عذارى يحرُسن شجرة التفاح الذهبي في حديقة عجيبة بأقصى المناطق الغربية من العالم المعروف. وتقول أساطير أخرى إنهن بناتُ التيتان أطلس.

وأما ملك الرياح فهو أيولوس الذي يُقيم في جزر شديدة الانحدار، عُرفت فيما بعد باسم الجزر الأيولية، حيث يَحبس الرياح في كهف بالجبل، ولا يُخرجها إلا عند الحاجة إليها. وآلهة الرياح الأربعة هم: بورياس إله الريح الشمالية، وزفيروس إله الريح الغربية، ونوتوس إله الريح الجنوبية، ويوروس إله الريح الشرقية.

آلهة المياه

كما أن في السماء آلهة كبارًا وأخرى صغارًا، كذلك الحال في المحيط. تحل مجموعة الآلهة الصغار محل أسرة الآلهة الكبار، أو محل جزء منها على الأقل.

وإبان حكم كرونوس، حكم أوقيانوس وتيثيس المياه بمساعدة عددٍ لا يحصى من حوريات المحيط، وقد أقام هذا الملك وزوجته في قصر عجيب تحيط به الحدائق. ولهما ابنة تدعى دوريس، تزوجت أحد سكان المحيط المسمى نيريوس، وهو رجل عجوز حكيم له موهبة التنبؤ، وموهبة أخرى هي استطاعَتُه التحول إلى أية صورة يريدها. ويُصوَّر نيريوس كغيره من سكان الأعماق، وجسمه مغطى بالأعشاب البحرية بدلًا من الشعر. وكان لنيريوس ودوريس خمسون ابنة يُسَمَّيْن النيرياد، يشكلن نوعًا من حوريات البحر. وقد اشتهرن جميعًا بفرط جمالهن الساحر، وأقمن في شتى أجزاء البحر المتوسط. ويُصوَّرْن أيضًا في صورة نصفها لفتاة، والنصف الآخر لسمكة (مثل عرائس البحر)، ومن أشهرهن ثيتيس وجالاتيا وأمفتريتي. وتزوجت أمفتريتي نبتيون، وهكذا كونا رباط صداقة بين أسرة عجائز المحيط وأسرة شبابه. وأقام أوقيانوس وثيتيس بقصرهما، لا يعكر صفوَ حياتهما معكر، على الرغم من أن سلطانهما قد انتقل إلى نبتيون.

أما نبتيون فكان يقيم تارة في قصره بالبحر، وتارةً أخرى على جبل أوليمبوس، وله عدة خدم في البحر، ومن بينهم حوريات الماء، وحامل بوقه هو ابنه تريتون، يَحمل صدفة بحرية ينفخ فيها، فتُصدر أصواتًا تثير الأمواج أو تهدئها. ومن خدمه أيضًا بروتيوس الذي كانت له قوة التنبؤ، وقوة تغيير صورته بعدة طرق؛ ولذلك يشبه نيريوس في كثيرٍ من الأحوال، وعهد إليه نبتيون بعجول البحر الخاصة به. فيخرج من البحر في وقت الظهيرة، فينام في ظل صخور إحدى جُزره التي يحبها، وتنام حوله وحوش البحر. وكان بوسع أي فرد أن يقبض عليه، وهو مستغرق في النوم، ويرغمه على أن يخبره بما سيحمل إليه المستقبل، ولكنه، حتى وهو مقبوض عليه، يقوم بعدة خدعات، فيتحول إلى كل صورة ممكنة، منتقلًا من صورةٍ إلى أخرى بسرعة، حتى إذا ما وجد أخيرًا عدم جدوى تحوله إلى شتى الصور، عاد إلى صورته الأولى العادية، وأجاب على أسئلة القابض عليه.

والسيرينيات من سكان الأمواج أيضًا، وهن حوريات بحريات نصفُهن لطائر، والنصف الآخر لامرأة. ولهن القوة على أن يسحرن بأناشيدهن العذبة كل من يسمعهن، فكم من بحَّارٍ سيِّئ الحظ سحرته أصواتهن الرخيمة، فطاش عن صوابه ورشده، واستسلم إلى النوم رغم حذره، فتندفع سفينته وترتطم بالصخور، فيرى هناك بعد فواتِ الأوان حُطام سفن وعظامًا آدمية ملقاة حول الصخور التي تُغنِّي فوقها السيرينيات.

هناك وحشان بحريان فظيعان هما: سكولا وخاريبديس، اللتان تقيمان على صخرتين متجاورتين. كانت سكولا في الأصل عذراء فاتنة، ثم تحوَّلت إلى مخلوق ذي ستة أعناق وستة رءوس، سُلِّح كل منها بثلاثة صفوف من الأنياب الحادة، وينبح كل رأس مثل الكلب. فإذا ما استطاعت الوصول إلى سفينة ساقها سوءُ الحظ إلى أن تمر على مسافة قريبة من متناول يدها، قبضت عليها وأمسكت ببعض ركابها والتهَمَتْهم طعامًا سائغًا. وتقبع قبالتها خاريبديس، وهي كتلة ضخمة عديمة الشكل تحت شجرة تين كبيرة تبتلع مياه البحر ثلاث مرات في اليوم، وتلفظها ثانية ثلاث مرات أيضًا، ولا يستطيع أحد من الآلهة أن يمر بسلام بين خطري البحر هذين إلا من حُوبِي محاباة خاصة.

قصص آلهة الطبيعة

كيريس وبروسربينا وبلوتر

لما قسم جوبيتر مملكة العالم، عند بداية حكمه، عهد إلى أخيه بلوتو (الذي يُسمى أحيانًا ديس، وأحيانًا أخرى هاديس) بإدارة العالم السُّفلي وظلال الموتى. وفي الأيام اللاحقة سُميت أرض الموتى نفسها باسم هاديس.

لم يكن بلوتو راضيًا تمامًا عن إعطائه مملكة مظلمة ليَحكمها، ولكن احتجاجه لقي آذانًا صماء.

فقال جوبيتر: «ارضَ بنصيبك! فرغم أنه لا يوجد سكان في مملكتك الآن، فبِمُضي الوقت ستمتلئ بالناس؛ فكل من يعيشون فوق سطح الأرض الآن سوف يموتون عند نهاية آجالهم، وعندما يذهبون تحت سلطانك، وزيادة على ذلك فلديك جميع الثروات المُخبَّأة في باطن الأرض، ستكون إله الثروة، وستكون بلوتو الغني.»

بعد هذا، رضِي بلوتو مكرهًا، وبمرور الزمن صار قانعًا بنصيبه، ولكنه تاق إلى زوجة تشاطرهِ مصيره، فوعده جوبيتر بأن يعطيه بروسربينا ابنة كيريس، الفتاة الفاتنة. غير أنه خافَ أن يخبر والدتها بخطته، ولم تكفِ جميع إلحاحات بلوتو لأن تجعله يبر بوعده، ويعلن قراره. فصمم بلوتو على أن يتناول الأمر بطريقته هو نفسه.

فذات يوم كانت بروسربينا مع خادماتها العذارى يجمعن الأزهار من حقل مشمس في صقلية. وبينما هن يتحدثن عن الأيام السعيدة التي سيتمخض عنها المستقبل، اهتزَّت الأرض فجأة، وانشقت تحت أقدامهن مباشرة، وخرجت من الشق الحادث عربة يقودها رجل أسمر البشرة، بغيض الخلقة. قفز ذلك الرجل من العربة بسرعة، وبغير أن ينطق بكلمةٍ واحدة، أمسك بروسربينا بين ذراعيه، وحملها إلى العربة أمام صُوَيحباتها، وعبثًا صرخت وناضلت. فقد اختفت العربة مرة ثانية داخل الشق.

لما افتقدت كيريس ابنتها علمت بما حدث، فثارت ثائرتها يأسًا. ما من أحدٍ أمكنه أن يخبرها بشخصية ذلك الذي خطف ابنتها، فشرعت تبحث عنها في جميع بقاع الدنيا، ولكن دون جدوى. وإذ استسلمت للحزن الشديد، أهملت واجباتها. فذبلت المحاصيل وماتت، وهددت المجاعة الجنس البشري، وحاول جوبيتر أن يحثَّ ربة المحاصيل على أن تستأنف عنايتها بثمار الأرض، ولكنها أرسلت له بدورها تخبره بأن قدمها لن تطأ بيت جوبيتر مرة أخرى، ولن تنتج حقول الأرض محاصيلها وثمارها مرة ثانية، إلا إذا عادت إليها ابنتها.

عندئذٍ قال جوبيتر: «إذا كانت الفتاة قد ذاقت طعامًا خلال الأيام التي قضَتْها في هاديس فسيطلق سراحها ثانية، ولن تكون زوجة لبلوتو.»

وبناءً على ذلك، أرسل ميركوري ذلك الرسول المجنَّح الأقدام إلى قصر العالم السفلي المظلم، ليأمر بلوتو بإخلاء سبيل الفتاة وإعادتها. فأطاع بلوتو الأمر، غير أن بروسربينا قبل أن تغادر العالم السفلي، وضع بلوتو أمامها طعامًا وشرابًا، ولم تكن بروسربينا حتى تلك الساعة قد وضعت لقمة طعام واحدة في فمها، بل صامت تمامًا عن الطعام والشراب؛ إذ كانت تعلم أن من يأكل طعام هاديس يصبح عبدَه، ولكنها في

غمرة فرحها خرقت الوعد الذي قطعته على نفسها، فكسرت رمانة نصفين، وأكلت منها ست حبات.

انصرفت بروسربينا بصحبة ميركوري، وعادت إلى أمها العزيزة، ولكن بسبب إفطارها من صيامها وتناوُلها ست حبات من الرومان، تحتم عليها أن ترجع إلى هاديس ستة شهور في كل عام. وعلى هذا تختفي بروسربينا ربة الربيع عندما ينتهي فصل الصيف. وإذ تحزن كيريس ثانية، تهمل واجباتها من جديد، ويسود الشتاء الأرض إلى أن تعودَ بروسربينا ثانية.

تجولات باخوص

اتصف باخوص إبان طفولته بالبراءة والمرح، وكانت تُعنى به حوريات نوسا ورعاة مواشيها. وعندما كبر أخذت جونو تطارده بدافع الغيرة، فلجأ إلى الترحال إلى الكثير من بلاد الدنيا، ينشر زراعة الكروم، ويعلِّم الناس فائدتها. وزيادةً على ذلك كان يعلمهم فنون السلم والعدل والمعاملات الشريفة. وقام بعدة مغامرات، وعاقب من تدخل في طقوسه، ومن أشهر أعماله تلك التي قام بها عندما استأجر سفينة؛ لتنقله من إيكاريا إلى ناكسوس. وكان بحارة تلك السفينة، في الحقيقة، قراصنة، فتآمروا فيما بينهم على أن يبيعوا هذا الشاب الجميل عبدًا. وعلى ذلك اتجهوا بسفينتهم شطر آسيا الصغرى. فلما رأى باخوص هذا أدرك قصدهم، فحوَّل صاري السفينة ومجاذيفها إلى ثعابين ضخمة، واتخذ هو صورة أسد غضنفر، وجعل اللبلاب ينمو ويلتف حول السفينة، وانبعث من الجو أصوات النايات الحلوة ترن عند كل جانب. فلما أبصر البحارة ما حدث من معجزات، ذهلوا وأصابهم الجنون، فقفزوا إلى البحر حيث تحولوا إلى دلافين.

قصة ميداس

كان بان يفخر كثيرًا بمعرفته فن الموسيقى، حتى إنه، في ذات يوم، تحدى أبولو في مباراة موسيقية. فوافق أبولو على أن يباريه، واختاروا ميداس ملك فروجيا أن يكون حكمًا بينهما. بدأ أبولو فعزف ألحانًا جميلة على القيثارة، فرد عليه بان بنغمات عذبة على الناي. ودون أن يفكر ميداس كثيرًا، حكم لصالح بان، فاستاء أبولو استياءً بالغًا، وبروح غير رياضية صمم على أن يعاقب ميداس على إبدائه مثل هذا الذوق الرديء، الرديء في رأي أبولو. فحوَّل أذنَي ميداس إلى أذني حمار. فخجل ميداس كثيرًا من ذلك التحول الغريب. ومع ذلك، فقد أخفى أذني الحمار تحت قبعته الفروجية. وتقول الأسطورة إن حلاق ميداس اكتشف السر عندما قص شعره، ولكن ميداس هدَّده بالعقاب الصارم الرادع إن هو أخبر أي إنسان بعيب الملك. ولمدة طويلة ظل الحلاق كاتمًا ذلك السر، ولكنه في يومٍ ما لم يُطِق الاحتفاظ بالسر أكثر من ذلك. فخرج إلى حقل وحفر فيه حفرة، ثم همس داخل الحفرة يقول: «لميداس أذنا حمار!»

نمت أعواد البوص، بعد ذلك في نفس تلك البقعة، فأفشَتْ السر إلى العالم كله بهمساتها.

وحدث مكروه آخر لميداس هذا نفسه. فذات مرة قدم خدمة إلى سيلينوس معلم باخوص، فأراد هذا الأخير أن يكافئه على صنيعه، فأخبره بأنه سيمنحه أمنية مهما يكن نوعها. وفي غباء ودون تفكير، طلب ميداس أمنيته بقوله: «دع كل شيءٍ ألمسه يتحول إلى ذهب!» وكان ميداس غنيًّا من قبل غِنًى عظيمًا، ولكنه أراد المزيد. وبوسعنا أن نتخيل نتيجة هذه الأمنية، فكل ما لمسه ميداس تحول إلى ذهب، حتى طعامه والماء وابنه المحبوب. وأخيرًا ثارت ثائرته وأدرك خطأه، فتوسل إلى باخوص أن يسحب منه هديته، فأمره باخوص بأن يغتسل في منابع نهر باكتولوس. فأطاع ميداس واستحمَّ في ذلك النهر، فذهبت عنه اللعنة، ما في هذا شك، ولكن رمال نهر باكتولوس ما زالت منذ ذلك الحين تحتوي على الكثير من التبر.

قصة إيو

تُروى قصص كثيرة عن الحوريات الجميلات الفاتنات، وكثيرًا ما نزل آلهة أوليمبوس إلى الأرض من أجل جاذبية ربة أرضية رائعة السحر والجمال. وقد وقع جوبيتر نفسه في غرام إيو، ابنة رب النهر إناخوس، الذي كان هو بدوره ابن أوقيانوس العتيد. وذات مرة، بينما كان جوبيتر يتحدث إلى تلك الحورية، لاحظ فجأةً أن عيني جونو تراقبانه، فنشر من فوره سحابة حول نفسه هو وإيو، ولكن جونو ارتابت في أمر هذه السحابة فأزاحتها، والغيرة تتأجَّج في فؤادها، فإذا بها ترى جوبيتر واقفًا وإلى جواره عجلة جميلة؛ إذ أسرع جوبيتر على الفور فحول إيو إلى تلك الصورة؛ ليتحاشى تقريع جونو.

امتدحت جونو جمال هذه العجلة، وطلبت من جوبيتر أن يعطيها إياها، فأجابها إلى ما طلبت وهو متردد. فسلمت جونو هذه العجلة إلى خادمها الأمين أرجوس ليحرسها. وكان أرجوس هذا حارسًا بالغ اليقظة؛ إذ له مائة عين تتناوب النوم فيما بينها. وعلى ذلك ما من شيءٍ يمكن أن يشغله عن الحراسة، أو يعمل على شرود انتباهه على الإطلاق. وكما هو جليٌّ قاست هذه العجلة المسكينة كثيرًا من الصعاب في صورتها الجديدة، ولم يكن بوسعها أن تعبر عن محنتها إلا بطريقة لا يفهمها أي فرد، ولكن جوبيتر تذكرها، فأرسل ميركوري ليبعد أرجوس عن طريقه.

تقدم ميركوري من الحارس ذي المائة عين في صورة راعٍ، فجلس إلى جانبه، وأخذ يحكي له القصص، ويعزف على مزاميره. فسُرَّ أرجوس لاهتمام هذا الراعي به، وفي أغلب الأحوال كان على وَشكِ أن ينام، غير أن بعض عيونه يظل دائمًا يقظًا، وأخيرًا شرع ميركوري يقص على مسامع أرجوس قصة اختراع مزامير بان، التي كان يعزف عليها.

قال ميركوري في لهجة رقيقة: «منذ زمن بعيد غابر، أحب الإله بان الحورية سورنكس، ولكنها كانت تابعة وفية للربة ديانا، ولا يمكن أن تنمو بينه وبينها أية علاقة غرامية.» فقالت له: «لقد نذرت حياتي للربة ديانا، فأبقى عذراء ولن أتزوج إطلاقًا.» فلم يُلق بان أي بال إلى حديثها، وحاول أن يطوقها بذراعَيْه، ويضمها إلى صدره اللهيف. فأسرعت تجري صوب نهر قريب، ولكنه جرى وراءها واقترب منها أكثر فأكثر،

وكاد يمسك بها، فاستغاثت برب ذلك النهر، وطلبت مساعدته؛ كيلا يغتصبها بان، فهبَّ إلى نجدتها. وبينما كان بان يضمها بين ذراعيه، وجد نفسه لا يحتضن الحورية، بل حزمة من البوص الطويل، فتنهد بان متحسرًا، وفي أثناء تنهده تحركت أنفاسه خلال أعواد البوص في نغمة موسيقية. فعندما لمس الهواء جذوع البوص الجوفاء أحدث نغمة رقيقة عذبة. فلما سَرَّت تلك النغمات بان كسر أعواد البوص، وصنع منها لنفسه مزمارًا، ثم جلس بان على جانب النهر، واستمر مدة طويلة يعزف أناشيد شجية حلوة، استمع إليها الرعاة مبتهجين. وهكذا كان مولد مزامير بان المعروفة باسم «السورنكس».

عندما ختم ميركوري قصته رأى جميع عيون أرجوس نائمة، فقفز على الفور في خِفَّةٍ وقتله، وأطلق سراح إيو، ولكي تكافئ جونو خادمها الأمين أخذت عيونه ونثرتها على ذيل الطاووس، وما زال من الممكن رؤيتها.

ورغم هذا استمرت جونو تطارد إيو. فأرسلت ذبابة من ذباب الخيل؛ لتعذب العجلة المسكينة، ولما برح بهذه العجلة العذاب هربت إلى البحر وسبحت فيه. وما برح ذلك البحر يسمى باسمها «البحر الأيوني». وبعد عدة تجوالات وصلت إيو إلى مصر. ولما وعد جوبيتر زوجته جونو بألا يهتم بعد ذلك بإيو، وافقت جونو على تخليصها من صورتها الحيوانية، وهكذا عادت إيو حورية كما كانت.

أبولو ودافني

لا شك في أن اسم الإله الجميل الصورة والماجد أبولو يقترن بأسماء كثير من الحوريات. غير أنه ليس دائمًا أن تقابل أولئك الحوريات عواطفه الغرامية بالقبول.

فهذه دافني ابنة رب النهر بينيوس الذي يجري في تساليا، أحبها أبولو بخدعةٍ من كيوبيد. فذات يوم عندما كان أبولو عائدًا من الصيد شاهد كيوبيد بن فينوس يلعبُ بقوسه وسهامه. فعير ذلك الإله الصغير بقوله: «اترك أمثال هذه الأسلحة لمن يمكنهم فهمها واستخدامها.»

فأجابه كيوبيد قائلًا: «ستعرف تمامًا كيف أنني أجيد استخدام أسلحتي، وأنني أفهمها حق الفهم.»

بعد ذلك بوقتٍ قصير، كان أبولو يسير مع الحورية الجميلة دافني، فأبصرهما كيوبيد، وفي الحال، أمسك كيوبيد قوسه، وأطلق منها سهمين: سهمًا رصاصيًّا نحو دافني؛ ليثير بغضها لأبولو، وسهمًا ذهبيًّا نحو أبولو ليولد الحب في قلبه.

منذ تلك اللحظة صارت حياة أبولو عذابًا لا ينتهي، وجحيمًا لا يُطاق. فكلما استخدم فنون الاستمالة في مغازلة دافني، وتوسَّل إليها بشتى طرق الإغراء، زادت هي جفاء، وغدت عاطفتها نحوه أكثر برودًا، وأخبرته بأنها تمقت كل فكرة عن الحب، وأن متعتها لا تكمن إلا في الصيد وممارسة رياضات الغابات. وإذ ثارت ثائرة أبولو صمم أخيرًا على أن يخطفها، ويجعلها زوجته رغمًا منها، ورغم برود عاطفتها. فقبض عليها، ولكنها أفلتت من قبضته، وهربت داخل الأحراش والغابة. وكلما أسرعت دافني في فرارها، بدت أكثر جمالًا في عيني ذلك الإله، فزاد من سرعته وهو يطاردها، وبذا زادت

صعوبة فرارها منه أكثر فأكثر. وأخيرًا خارت قواها فارتمت على الأرض، وبينما هي تسقط تلَتْ صلاة تتضرع بها إلى أبيها.

صاحت دافني تقول: «ساعدني يا أبت! أنقذني من أبولو!»

سمع بينيوس تضرع ابنته دافني، ونظرًا لضيق الوقت لجأ إلى طريقةٍ عاجلةٍ؛ لينقذ بها ابنته. فما إن انتهت دافني من كلامها، حتى بدأت تتحول. وفي تلك اللحظة عينها، كان أبولو قد أدركها وطوَّقها بذراعيه، فإذا به يجد أنه يطوِّق شجرة غار جميلة، وليس الحورية دافني، وحتى وهي على هذه الصورة، ما فتئ يحبُّها. وهكذا صارت شجرة الغار هي الشجرة المحبَّبة إلى أبولو أكثر من غيرها. ومنذ ذلك الوقت يُتوَّج كل من يكسب عطف أبولو بأكاليل من أغصان الغار وأوراقه، ولا سيما الشعراء، الذين اعتبروا دائمًا أن إكليل الغار دليل شرف خاص.

أبولو وكلوتي

كان موضوع كلوتي عكس موضوع دافني تمامًا. فكان أبولو هو صاحب العاطفة الباردة نحو حب هذه الحورية التي كانت إحدى بنات أوقيانوس.

أبدت كلوتي غرامها بذلك الإله في خفَرٍ وخجل، ولكنه كان يصدها دائمًا، ويزيد عدم اهتمامه بها؛ ولذلك بدأت تذوي. كان كلُّ تفكيرها في إله الشمس، وكل نظرها يتجه نحوه، أهملت نفسها، لا تتناول طعامًا ولا شرابًا، ولا تهتم بملبسها ولا بمنظرها، وعلى ذلك ماتت بعد فترةٍ وجيزة، وحتى وهي ميتة ظلت على وفائها لمعبودها. فانغرست أعضاؤها في الأرض، وتحول جسمها إلى جذعٍ رفيع، وغدا رأسها زهرة تختلف عن سائر الأزهار. يتحرك رأس كلوتي فوق عوده متجهًا دائمًا نحو الشمس، ينظر إلى الشرق صباحًا، وإلى جهة الغرب مساءً؛ إذ صارت كلوتي زهرة عباد الشمس التي تتجه نحو إلهها عندما يغرب.

وبنفس هذه النظرة عندما يشرق.

إيخو وناركيسوس

إيخو حورية جبلٍ فاتنة من أشهر الحوريات، ومن أقرب المقرَّبات إلى ديانا، كما أولعت بها جونو أيضًا، ولكن ذات يوم وجدت جونو أن إيخو أخرتها عمدًا بحديثها الحلو، بينما كان جوبيتر يلهو مع حوريات أخريات. فغضبت جونو وعاقبت إيخو بأن سلبتها كل قوة لأن تبدأ الكلام، لا تستطيع إيخو إلا أن تجيب عندما يخاطبها شخص ما.

ضايق هذا العقاب إيخو أي مضايقة، حتى تَصادَفَ مرورُ شاب جميل اسمه ناركيسوس في الغابة التي بها إيخو، فأحبته إيخو بمجرد أن أبصرته، ولكنه عندما تحدث إليها، كان كل ما أمكنها قوله هي أن تكرر ألفاظه، فظنها تسخر منه، وعمل كل ما في وسعه؛ لكي يتجنبها. غير أن إيخو كانت تتبعه أينما سار، وحيثما توجه، لم يمكنها الرد على تأنيب ناركيسوس إلا بتكرار الألفاظ التي ينطق بها. وإذ يئست إيخو

أخذت تذوي حتى صارت مجرد صوت فحسب، صوت يؤم الكهوف والصخور والأماكن المنعزلة والمهجورة، حيث تكرر كل ما تسمعه.

ومع ذلك، فلم ينفر ناركيسوس من إيخو وحدها، بل نفر من سائر الحوريات الأخريات؛ إذ ركب الغرور رأسه، فكان يعتقد أنه ما من فتاةٍ تصلح له مهما بلغتْ من الحسن والملاحة. وأخيرًا تمنت إحدى العذارى أن يعرف ناركيسوس معنى أن يحب ولا يقابل بحبٍّ متبادل. فمنحت هذه الفتاة أمنيتها بطريقةٍ بالغة الغرابة، فذات يوم انحنى ناركيسوس على بركة ماءٍ عذب في الجبل؛ لينهلَ من مائها البارد الرائق، فلمح صورة وجهه في مائها بين الأمواج، فظنها حورية ماء خجلَى تتدارى من نظراته الغرامية. فأخذ يتحدث إليها ويبثها لواعجَ غرامه، وأخيرًا مد يديه ليعانقها، ولكن عبثًا حاول، ومثلما حدث لإيخو ذوَى هو أيضًا ومات. فخرجت من جسمه زهرة ما زالت تحمل اسمه، هي زهرة النرجس.

أورورا وتيثونوس

تقترن عدة أساطير باسم أورورا (ربة الفجر)، أشهرها قصة تيثونوس ابن ملك طروادة، فلما أبصرته أورورا لأول مرة، أحبته من فورها، فخطفته وجعلَتْه زوجها. وقد تعمق حبه في قلبها، وتغلغل، لدرجة أنها رغبت في أن تستبقيه معها إلى الأبد. فذهبت إلى جوبيتر، وتوسلت إليه أن يحقق لها أمنية واحدة.

قالت: «امنح تيثونوس حياة خالدة.»

ابتسم جوبيتر وهو يخبرها بأنه استجاب لطلبها؛ لأنها نسيت أن تضمِّن كلامها أن يمنح في الوقت نفسه، الشباب الخالد. وعلى ذلك أخذ تيثونوس يشيخ شيئًا فشيئًا، بدأ الشيب في شعره، وأنشأت التجاعيد تتعمَّق في وجهه، ويطرد تعمقها أكثر فأكثر، وصار شيخًا واهنًا تمامًا. وأخيرًا وضعته أورورا في حجرة لا يُسمع فيها غير صوته الخافت الضعيف في توسلات لا تنتهي، وفي النهاية حوَّلَتْه إلى حشرة، هي جندب الحقل المعروف باسم «النطاط».

كيكس وهالكيوني

تزوج كيكس ملك تراخيس في تساليا (وهو من ذرية أورورا) بهالكيوني ابنة الملك أيولوس حاكم الرياح. وقد ظل الزوجان عدة سنوات يحكمان في سعادة إلى أن مات شقيق كيكس، فصحِبَت موتَه عدةُ أحداث غريبة، فهبَّت عواصف هوجاء استمرت أمدًا طويلًا، وساد الشمسَ والقمر ظلامٌ حالك، واجتاحت البلادَ وحوشٌ ضارية مفزعة. فاعتقد كيكس أنه من الأفضل أن يستشير الآلهة. وعلى ذلك أعلن عزمَه على الإبحار إلى كلاروس في أيونيا؛ لاستشارة وحي أبولو بها، وحاولت زوجته أن تُثنيه عن عزمه؛ لأن ذلك الوقت كان موسم الزوابع والأعاصير، ولكنه لم يستمع لنصحها وصمم على الإبحار. فخرج في سفينة سارت به في عرض البحر نحو هدفه، غير أنه لما أوشك على الوصول إلى آخر رحلته هبَّت عاصفة عاتية حطَّمت سفينته فغرق، ولكنه، وهو

يغوص تحت الماء نحو الأعماق، تلا صلاة نبتيون، طالبًا أن تحمل الأمواج جُثّتَه حتى توصلها إلى وطنه، كي تدفنها هالكيوني.

مرت الشهور وتعاقبت وهالكيوني تنتظر عودةَ زوجها في قلقٍ بالغ، فقدمت الصلوات والبخور والذبائح للآلهة، وعلى الأخص إلى جونو، وتوسَّلت إليها أن يعود زوجها سالمًا. وأخيرًا تأثرت جونو بتضرُّعاتها، ولكنها كيف يتسنى لها أن تفعل شيئًا لرجلٍ مات منذ مدةٍ طويلة؟ فاعتزمت أن تُعلِم هالكيوني بأنه ما عاد هناك أملٌ في عودته.

استدعت جونو رسولتها إيريس، وأمرَتْها بأن تحمل رسالتها إلى سومنوس إله النوم، فأسرعت إيريس فوق قوسها المتعددةِ الألوان إلى أرض الظلام، حيث يقيم إله النوم النعسان، فوجدته يغط في سباتٍ عميقٍ داخل مغارة ليس بها أيُّ شعاع من ضوء، وتتسرب إليها جميع الأصوات التي في العالم، إما بحالتها كما هي أو مكتومة قليلًا. ويحوم حول تلك المغارة الداجية كثيرٌ من الأحلام، بعضها يجثم فوق رأس سومنوس نفسه، وهو راقد على سرير من الريش غارقًا في نومٍ دونه نوم الموت. فلقيَتْ إيريس مشقة كبيرة في إيقاظه، وأخيرًا وبعد لَأْيٍ أمكنها إبلاغه برسالة جونو في وضوح. فلما علم ذلك الإله الثقيلُ الأجفانِ بما تطلبه جونو، نادى ابنه مورفيوس، وأمره بأن يرسل حلمًا إلى هالكيوني. وما كادت هذه الألفاظ تخرج من فمِ سومنوس حتى غلبه الكَرَى ثانية، فراح في سُباتٍ طويل، عندئذٍ أسرعت إيريس بالخروج من المغارة، وهي تذبُّ الأحلام بعيدًا عن وجهها، بينما تجد صعوبة بالغة في الاحتفاظ بيقظتِها.

في تلك الأثناء طار مورفيوس نفسه إلى قصر كيكس، متخذًا صورة سيِّدِ ذلك البيت، وظهر للملكة هالكيوني، إلا أن صورته في الحلم كانت متغيرة تمامًا، تعلو وجهَه صفرةُ الموت، ويتساقط الماء من ثيابه المبتلَّة، فأخبر زوجته بأن عاصفة هبَّت على بحر إيجه، فأغرقت سفينته، وبأنه مات.

وعندما اختفى الحلم، صحَتْ هالكيوني من نومها مذعورة، والدموع تنهمر من مآقيها منحدرةً على خدَّيْها. وما إن أقبل الصباح الباكر حتى انطلقت من فورها إلى البحر، وبينما هي تسير على الشاطئ أبصرت جسمًا غير واضح طافيًا على سطح الماء ويتجه نحوها، فلما اقترب ولمس الشاطئ عَرَفت أنه جثةُ زوجها. فلم تُطِقْ رؤية تلك الجثة التعيسة، وألقت بنفسها في الماء، ولكن جوبيتر أشفق عليها وهي تقفز وسط الأمواج، فحوَّلها إلى طائر يغرد حزينًا أثناء طيرانه فوق الماء، كما حول كيكس إلى طائر، فانضم ثانيةً إلى زوجته، وانحدرت منهما طيور القاوند.

تأثر الملك أيولوس بوفاتهما، فمنح البحارة ميزة خاصة، فمنع هبوبَ الرياح قبل أن يبدأ الانقلاب الشتوي بسبعة أيام، وبعد نهايته بسبعةِ أيام. وبذا جعله موسمَ الهدوء والسلام، وعندئذٍ تجلس هالكيوني في عُشّها الطافي على سطح الماء في هدوء. ويطلق البحارة على هذه المدة «أيام الهدوء»؛ إذ يُحرِّم ملك الرياح على جميع العواصف أن تهب، كي يولد أحفاده في هدوء.

في العالم السفلي

مناطق العالم السفلي

تمتد مملكة العالم السفلي التي يحكمها بلوتو في جميع الاتجاهات، وتضم عددًا من المناطق المختلفة، فيُسمى المدخل أفيرنوس، ويصُب فيه خمسة أنهار، أولها نهر ستوكس، الذي تأتي إليه أشباح الموتى، ولونه ومنظره مُفزعان. ويُقسِم به الآلهة، واليمين التي تُحلَف بستوكس لا يمكن الحنث فيها، فكان الموتى ينتظرون على شاطئِه حتى يأتيهم المعداوي خارون، وهو رجل عجوز أشعثُ اللحية، يرتدي ثوبًا وضيعًا، فينقلهم إلى الشاطئ الآخر. وكان أجره أوبولا واحدًا، وهو قطعةُ نقود إغريقية كانت توضع في فم كل جُثة قبل الدفن. وما إن تصل الأشباح إلى الشاطئ الآخر، حتى تشرع في التَّجوال المستمر إلى أن تصل إلى نهر ليثي، وهو نهر النسيان. عندئذٍ تجثو تلك الأشباح على ركابها، وتشرَبُ من ماء ذلك النهر بحفنات أيديها، وعلى الفور تختفي جميع ذكرياتِ حياتها الماضية من عقولها. تجول جماعات الأشباح جيئةً وذهابًا، كأنها السحب المسرعة في مناطق هاديس الداجية. أما الأنهار الأخرى فهي أخيرون، نهر الويلات، وروافده، ونهر فليجيثون، الذي تجري بين ضفتَيْه النارُ بدلًا من المياه، ونهر كوكوتوس أو نهر العويل. وتتكون من هذه الأنهار حدود العالم السفلي الواقع «تحت الأماكن السرية للأرض».

ويقف على باب هاديس الحارس المخيف كربيروس، وهو كلبٌ متوحش ذو ثلاثة رءُوس، وله ذيل تنين. لا يحاول هذا الكلبُ إطلاقًا أن يتعرّض للأشباح الداخلة إلى هاديس، ولكنه يهاجم بوحشيةٍ كلَّ من يحاول الخروج. وعندما زار أينياس هاديس، كما يخبرنا الشاعر اللاتيني فرجيل، صنعَ حبةً ملغومة تحتوي على عقارٍ منوّم، فرماها إلى كربيروس الذي ما كاد يتناولها حتى سقطَ على الفور فاقدَ الوعي. وكان هذا البطل وقليلون آخرون ممن حَباهم الآلهة محاباةً خاصَّة، هم وحدهم الذين استطاعوا الإفلات من كربيروس.

أما قصر بلوتو فمظلمٌ قاتم، حيث يجلس بلوتو مرتديًا قُبَّعة الظلام، ويُمسك في إحدى يديه مفتاح العالم السفلي، وفي اليد الأخرى عصًا سحرية. وحول ذلك القصر أحراشٌ من الأشجار القاتمة، وتمتد بقُربه مراعي السرواس، وهو زنبق الموتى.

ينقسم هاديس، المسمى أحيانًا إريبوس، إلى عدد من المناطق، يسمى الجزء الأكبر منها أخيرون، باسم النهر المعروف، وتسير في هذه المناطق غالبية الموتى بوجوهٍ مكتئبة مهمومة، وعلى مسافة بعيدة إلى الغرب تقع مملكة إلوسيوم، التي تشبه فكرتَنا عن الجنة. ويأتي إلى هذه بعض المحظوظين والمحبوبين من الآلهة، ومنهم مشاهيرُ الشعراء وعظماء الأبطال، ويحكمهم كرونوس المنفيُّ بعد أن هزمه جوبيتر. هنا يعيشون ثانية عصرًا ذهبيًّا، وهناك منطقة تختلف عن هذه المنطقة تمامَ الاختلاف، وهي منطقة تارتاروس المقيتة المخصصة لمن تريد الآلهة عقابَهم. فيعيش هناك أمثال هؤلاء الأشخاص في بؤسٍ وعذاب.

أهم شخصيات هاديس

علاوةً على بلوتو وبروسربينا وخارون وكربيروس، هناك سكان آخرون في العالم السفلي. وعندما يراد تقديم أرواح الموتى إلى المحاكمة يقوم ملك هاديس وملكتُه بدور القضاة. ومن شخصيات هاديس الموحية بالفزع: الغوريات. وهن ثلاث مخلوقات يقمن بخدمة بروسربينا، وكنَّ عذارى مجنَّحات جُدلت شعورهن بالأفاعي، ويتساقط الدم من عيونهن، ويقوم هؤلاء بمطاردة من أفلتوا من العقاب عن الجرائم التي ارتكبوها، ويُنزلن بهم كل صنوف التعذيب، وأطلق الإغريق عليهن اسم «يومينيديس».

وأما هيكاتي فربة غريبة، هي تيتانة استعادت سلطتها بعد أن قبض جوبيتر على زمام حكم العالم، وكرَّمها جميع الآلهة. وقد ساعدت كيريس في البحث عن بروسربينا. وبقيت مع ملكه هاديس، وهي التي ترسل جميع الشياطين والأشباح المخيفة من العالم السفلي إلى أرض الأحياء. كانت ربة السحر والعرافة، ويُعلَن عن قدومها بنباح الكلاب أو هريرها، وهي تشخيص مرعبٌ لظلام الليل، كما كانت ديانا ربة نور القمر المتألق الجميل.

وأما سومنوس (هوبنوس الإغريقي) الذي وصفنا قصرَه في الباب السابق فهو إله النوم، ويمسك في يده ثمرةَ خشخاش النسيان، أو بوقًا تتساقط منه قطرات النوم، وأخوه التوءَم هومورس (ثاناتوس الإغريقي) أو الموت. وكثيرًا ما يُصوَّر هذا هيئة شاب هادئ مفكر ذي أجنحة، يقف إلى جانب قِدْر جنائزية مزينة بإكليل جنائزي، ويمسك في يده مشعلًا مطفأً. وأما مورفيوس فهو حارس الأحلام التي يحتفظ بها محبوسةً في قصره، كان يرسل الأحلام الخاملة والخداعة من الباب العاجي لقصره، وأما الأحلام التنبُّؤية وذوات المعنى فيرسلها من الباب القرني.

سكان تارتاروس

يقيم التيتان الذين شنوا الحرب ضد جوبيتر، وهزموا في خلجان تارتاروس البعيدة الغور، وفي أعمق مناطقِه، كما يعيش هناك في عذابٍ دائم أولئك الذين عاقبهم الآلهة، ومن بينهم تانتالوس، وإكسيون، وسيسيفوس، والدانايید.

كان تانتالوس إبان حياته ملكًا حبَتْه الآلهة بكثيرٍ من النعم، ولكنه رغم هذا اقترف كثيرًا من الجرائم، لدرجة أنه قتل ابنه هو نفسه. فلما مات حُكم عليه بعقابٍ لا ينتهي، وجد نفسه واقفًا وسط الماء الرائق الذي يكاد يصِلُ إلى ذقنه، وتتدلى فوق رأسه مباشرة أغصان جميع صنوف أشجار الفاكهة، ذوات الثمار الناضجة المغرية. ورغم هذا حُكم عليه بالجوع والعطش الدائمَيْن، يحاول دائمًا أن يرتشف الماء، الذي ما إن يقرب فمه منه، حتى يَنحسر، فلا يجد قطرة يروي بها شفتيه اللاهثتين، وإذا أراد أن يسدَّ جوعه ومد يده إلى تلك القطوف الدانية، ابتعدت الأغصان عن متناول يده، وهكذا يظل ظمآنَ جائعًا.

قتل إكسيون حماه؛ كيلا يقدم هدايا الزواج التي جرَت العادة على تقديمها في ذلك العصر. وعلاوةً على ذلك أبدى احتقارًا للآلهة، فرُبط بالسلاسل في تارتاروس إلى عجلة تتدحرج إلى الأبد في طريقٍ غير منتهية.

شجع سيسيفوس ملك كورنثة التجارة والملاحة، ولكنه اتصف بالجشع والغش. فعُوقب عند موته بأن يُدحرِج كتلة ضخمة من الرخام إلى أعلى تل، فإذا ما بلغ بها القمة بعد تعبٍ مرير، تدحرجت ثانيةً إلى أسفل عند سفح التل، وعندئذٍ يعود ليدحرجها إلى أعلى من جديد، وهكذا دواليك.

أما الدانايد؛ فهن بنات داناوس ملك أرجوس اللواتي قَتلت كلٌّ منهن زوجها في ليلة العرس بتحريضٍ من داناوس. فلما ماتت أولئك النسوة، عُوقبن في هاديس بأن يحملن الماء في غربال، وبذا يكون عملُهن عديمَ الجدوى ومستمرًّا إلى الأبد.

جزر المباركين

كانت إلوسيوم نوعًا من الفردوس جاء إليها نوع من البشر المحظوظين، فهي أرضُ ضوء الشمس الدائم والمريح «لا يسقط فيها بردٌ ولا مطر أو ثلج، ولا تهب الرياح عليها بصوتٍ مرتفع». يرقد الأبطال والشعراء المنشدون في مراعيها الدائمة الإزهار والأريج العطِر، في هناءٍ تام، أو يتجوَّلون في سعادةٍ دائمة.

عندما جاء أينياس إلى جُزر السعادة، أثناء رحلته إلى هاديس، كما وصفها فرجيل، وجد سكانها يتنفسون هواء أنقى من هواء العالم العلوي، ورأى كلَّ شيءٍ يغمره ضوء أرجواني، وأن لأرضهم شمسًا ونجومًا خاصة بها. كما رأى بعض السكان يشتركون في الألعاب الرياضية فوق المروج المعشوشبة، بينما ينهمك آخرون في الرقص والغناء. ويمسك الشعراء المنشدون قيثاراتهم يعزفون عليها ألحانًا حُلوة. وفي مكانٍ آخر يستريح المحاربون في سَلام، وقد صدِئت أسلحتهم، ووقفت عرباتهم بغير عمل، ويُقيم في هذه الجزر أيضًا جميع الشعراء والفنانين الذين باركوا ذاكرتهم بخدمة الجنس البشري.

أورفيوس ويوريديكي

من الشعراء المنشدين الذين تُمكن رؤيتهم في إلوسيوم، شاعرٌ ابن أبولو نفسه، كان له مع الموت قصة فذة؛ إذ كان من بين القليلين الذين زاروا هاديس وهم أحياء.

هذا الشاعر هو أورفيوس، الذي ولدته الموزية كاليوبي لإله الشمس. أهداه أبولو القيثارة ولقَّنه كيفيةَ استعمالها، وسرعان ما برَع في العزف عليها، حتى طار صيتُه، واشتهر بأنه واحد من عظماء شعراء الإغريقِ المنشدين. سُحِر بموسيقاه ليس البشر وحدَهم، بل ووحوش الحقول المفترسة أيضًا، تلك التي لانت أثداؤها بالنغمات التي وقَّعها على قيثارته. ومما يقال عن عزفه إن الأشجار والصخور تأثَّرت بها، وحاولت أن تتحرك من مواضعها، وتسير خلف صوتِ أنغامه الشجية.

كانت يوريديكي فتاة حسناء فاتنة تعيش في تراقيا، أحبَّها أورفيوس، فوافق الجميع على زواجهما، فعاشا في سعادةٍ عظمى مدة سنة أو سنتين، وبينما كانا يسيران في أحد المراعي لدَغَ ثعبانٌ يوريديكي. وقبل إمكان إسعافها ماتت بين يدي زوجها، فبخَعه الحزن وحطَّم قلبه، فصار يعبر عن حزنه بالبكاء الحار، والعويل المر،

والرثاء المستمر. وأخيرًا قرر أن يتبع زوجته إلى مناطق بلوتو المفزعة. فوجد مغارة في أحد أركان بركان، فدخل إليها، ومر خلال عدة ممرات مظلمة وحُفَر وَعْرة، إلى أن وصل أخيرًا إلى مملكة هاديس. وكان قد أخذ معه إلى هناك قيثارته الإلهية، فشرع يعزف عليها. فلما رنَّتْ موسيقاه العجيبة خلال جنبات تارتاروس، توقف سيسيفوس وإكسيون، ولم يشعرا بعذابهما المستمر، ولمدة لحظة خفَّتْ حدة ظمأ تانتالوس وجوعه.

مر أورفيوس خلال سُحب الأشباح التي تبعته في هدوءٍ ساحر، ولما وصل إلى عرش بلوتو وبروسربينا، انحنى أمامهما، وبمهارةٍ سحريةٍ قدم طلبَه بمصاحبة موسيقى قيثارته. وانحدرت الدموع على خدي بلوتو، وتذكرت بروسربينا، وهي تبكي حقول صقلية المليئة بالأزهار.

توسل أورفيوس إلى بلوتو، قائلًا: «امنحني أن تعود زوجتي معي ثانية.» وتساقطت دموع الحزن ساخنةً على وجنتَيْه، وهو يتضرع بقوله هذا.

لم يستطع بلوتو نفسه أن يقاوم مثل هذا التوسل، فاستجاب لتضرع أورفيوس. غير أنه صَحِب هذه الاستجابة السخية شرطٌ أعلن عندما مثَلَتْ يوريديكي أمام بلوتو، وأعيدت إلى ذراعي أورفيوس.

قال بلوتو بلهجة الأمر: «لا تنظر خلفك أثناء مغادرتك هاديس، فإن خالفت هذا الأمر خطفت يوريديكي منك ثانية، وصارت من رعيتي مرةً أخرى.»

وعَدَ الزوجان بلوتو بالطاعة، وخرجا في رحلتهما السعيدة إلى أرض الأحياء من جديد. فقاد أورفيوس زوجته بمحبة خلال الطريق الخطر، قادها خلال الكهوف المظلمة والطرق غير المنتهية، وبجانب هُوَّات سحيقة وأمواهٍ خطرة. وأوشكت هذه الرحلة المليئة بالأخطار أن تنتهي عندما وصلا إلى ممرٍّ طويلٍ لا يمكنهما السير خلاله إلا واحدًا واحدًا. فسار أورفيوس في المقدمة يتعثر فوق الصخور التي في طريقه، وبدَتْ نهاية الطريق أمامه، وكان بوسعهما أن يُبْصِرا ضوء الشمس المبارك.

في تلك اللحظة المشئومة تغلبَ القلق على أورفيوس، وتملكه الخوف من أن تكون يوريديكي قد سقطت أثناء تعثُّرها في الطريق، أو أن أحد مخلوقات العالم السفلي المفزعة قد أمسك بها واحتجزها، فألقى نظرة خاطفة وراءه، فألفى يوريديكي خلفه تسير في أمان، ولكنها بمجرد هذه النظرة، اختفتْ وسُحبت ثانيةً إلى مملكة بلوتو، وهي تصيح صيحاتٍ مفزعة. كما حاول أورفيوس أن يرجع، ولكنه وجد الطريق خلفه مسدودًا بصخرةٍ صلبةٍ ضخمة. لم يعُدْ يجد طريقًا بعد ذلك إلى العالم السفلي.

صارت الحياة عديمة القيمة لأورفيوس بعد ذلك، فطفِقَ يجول وهو في أشد حالات الاكتئاب من بلدٍ إلى آخر، ومن دولةٍ إلى أخرى ينتظر أن يموت، وذات مرةٍ حاولتْ إحدى فرق المايناد التابعة لباخوس أن تغريه على الاشتراك معهن في العربدة المخمورة، فرفض رفضًا باتًّا، فغضبن وقذَفْن الحجارة على رأسه، ولكن موسيقى قيثارته سحرت الحجارة، فسقطت إلى جانبه مبتعدة عن رأسه، فلم يصبه منها أيُّ أذى. فلما رأت المايناد ذلك، أخذن يصرخن بأعلى أصواتهن المرعبة التي طغَتْ على صوت موسيقاه، فأصابته الحجارة من كل جانب، فسقط جريحًا ومات متأثرًا بجراحه البالغة، ومرة أخرى ذهب إلى هاديس، حيث انضم إلى يوريديكي. فوضع جوبيتر قيثارته بين النجوم.

مغامرات ثلاثة أبطال وصديقين

تجارب برسيوس

كانت داناي فتاة جميلة، أُولع بها والدها أكريسيوس ملك أرجوس، ولعًا شديدًا، وذات يومٍ استشار وحيًا للآلهة، فقيل له: إن حفيده من ابنته سوف يقتله في يومٍ ما. فلكي يتحاشى أكريسيوس ذلك المصير، حبس ابنته داناي في برجٍ، وحرَّم على أي إنسان يتصل بها، فيما عدا خدمها المختارين. بيد أن أكريسيوس ما كان ليفلت بهذه الطريقة من المصير الذي قدَّرَتْه له الآلهة، فأبصر جوبيتر نفسه تلك العذراء وأحبها. وتقول الأسطورة إنه ظهر لها أولًا في صورة مطرٍ من الذهب، فلما أكملت مدةَ حملها، ولدت ابنًا اسمه برسيوس.

لما علم أكريسيوس بما حدث، غضب وثار وأربد، وأمر بوضع الأم وطفلها في صندوق خشبي كبير، أحكم إقفال غطائه، وألقى هذا الصندوق بمن فيه في البحر. لم يغُصِ الصندوق، ولكنه ظل طافيًا فوق الأمواج يسير في اليم قُدمًا، كما لو أن ربانًا غيرَ مرئيّ يقوده وسط البحر.

وبعد مدة وصل القارب الغريب إلى جزيرة، حيث استقر على شاطئها، فرآه أحد صيادي السمك. ولما فتح غطاءه دُهش؛ إذ وجد بداخله الأم وابنها نائمين، وكلاهما في جمالٍ منقطع النظير، فأخذهما إلى بوليدكتيس ملك الجزيرة، الذي رحَّب بهما وأولاهما كل عنايةٍ ورعاية.

رغم هذا، لم تنتهِ متاعبهما بحالٍ ما، فقد وقع بوليدكتيس أسير هو داناي، وألح عليها في أن تتزوجه، ولكنها ظلت ترفض سنة بعد أخرى؛ إذ انحصر كل همها في تربية ابنها ورعايته. وأخيرًا عندما اقترب برسيوس من طور الرجولة، اعتزم بوليدكتيس أن يتخلص منه، أملًا في أن تغير أمه رأيها إذا ما أزاح ابنها من الطريق، فأمر ذلك الغلامَ بأن يحضر له رأس الجورجونة ميدوسا.

كانت ميدوسا مخلوقة فظيعة مرعبة، هي إحدى ثلاث شقيقات، خصلات شعرهن من الأفاعي الدائمة الفحيح، ولهن أجنحة، ومخالب من البرنز، وأنياب ضخمة بارزة، ونظرات تُحوِّل كل من ينظر إليهن إلى حجر، ولم يكن بوسع برسيوس أن يتغلَّب على ميدوسا بمفرده. وعلى ذلك سعى إلى معونة مينيرفا وميركوري، فنصحَتْه مينيرفا بأن يذهب إلى الشقيقات الثلاث ذوات الشعر الأشيب، اللواتي لن يخبرنه بمكان إقامة الجورجونة فحَسْب، بل ويزودْنه بثلاثة أشياء بدونها يكون من العبث محاولةُ الوصول إلى بغيته. كما أخبرته بالكيفية التي يتسنَّى له بها أن يسيطر على الشقيقات الثلاث، ويرغمهن على إجابة طلبه؛ إذ لن يخبرنه بشيءٍ من تلقاء أنفسهن.

رحل برسيوس وظل يضرب في الأرض مسافاتٍ بعيدة، حتى وصل إلى منطقةٍ منعزلةٍ تعيش فيها الشقيقات الثلاث. فتسلل في هدوءٍ إلى الكهف الذي اعتَدْن المجيء إليه في وقت الظهر عند اشتداد القَيْظ، وتختص أولئك الشقيقات بأمرٍ غريبٍ منذ ولادتهن، فلهن عين واحدة يتناوبن النظر بها فيما بينهن، يمرِّرْنها من أختٍ إلى

أخرى لترى بها مدةٍ معينة. وفي الوقت الذي تمرر فيه إحداهن العينَ إلى أختها، يكون الجميع عمياوات.

كمَنَ برسيوس في ركنٍ من ذلك الكهف ينتظر مجيئهن، فلما جئن واسترحن، قالت إحداهن: «هيا يا أختاه، لقد انتهت مدتُك، فأعطني العين.»

نزعت الأخت العين من رأسها، وأمسكتها بيدها؛ لتقدمها إلى أختها. في تلك اللحظة مد برسيوس يده، وخطف العين من يدها.

فصاحب الأخت الثانية: «أين العين؟»

عندئذٍ تكلم برسيوس وقال: «العين معي.»

ارتجفت الشقيقات الثلاث عند سماع صوته، وتوسَّلن إليه أن يعيد العين إليهن. فأخبرهن بأنه سيُعيد العين إليهن عن طيب خاطرٍ إن منَحْنه أمنية، فرفضن إجابة رغبته في بادئ الأمر، ولكنه هددهن بالانصراف، وتركهن عمياوات إلى الأبد. فأدركن أنه لا خيار لهنَّ، وعلى ذلك كشفن لبرسيوس عن مخبأ الجورجونات، وأخبرنه بموضع حوريات البحر اللائي سيعطينه الأشياء الثلاثة التي يحتاج إليها، وهي خوذة بلوتو التي تجعله غيرَ مرئي، فتحجبه عن الأنظار، وزوج من النعال المجنَّحة تمكنه من الطيران بسرعة الريح، ومخلاة ليضعَ فيها رأس ميدوسا بعد قطعه، وزوَّدَتْه حوريات البحر بنصائح أخرى عظيمة النفع.

بعد ذلك قدَّم إليه ميركوري مساعدة قيمة، فأعطاه منجلًا حادًّا جدًّا؛ ليحز به رأس ميدوسا. وهكذا تزود برسيوس بكل ما يلزمه لمعركته المقبلة. فطار بسرعة حتى بلغ جزيرة صخرية في وسط مجرى أوقيانوس، أرضُها مغطاة بأعشابٍ كثيفة كريهة الرائحة، ضارة وعفِنة، بينما تسعى الأفاعي القاتلة في كل مكانٍ فوق أرضها. أما الجورجونات فيُقِمْن في مغارة بوسط تلك الجزيرة، وعندما وصل إليهن برسيوس كنَّ نائمات، لم يجرؤ على النظر إليهنَّ مباشرة، بل نظر إلى صورتهن المنعكِسة في الدرع المصقولة التي كان يحملها. أمكنه التعرف على ميدوسا؛ لأنها أصغر حجمًا من شقيقتَيْها. فأمسك الدرع أمامها، وفصَل رأسها بضربةٍ واحدةٍ من المنجل، ووضعه في المخلاة، وطار في سُرعة البرق. ما كاد يفعل ذلك حتى استيقظت الجورجونتان الأخريان، فأدركتا مقتل شقيقتَيْهما. فصرختا غاضبتَيْن، وخرجتا تبحثان عن قاتلها، فلم تبصراه؛ لأن خوذة بلوتو جعلته غير مرئي وهو طائر، وبذا وصل إلى بر الأمان.

إنقاذ أندروميدا

ظل برسيوس يطير لعدة أيام، حتى وصل أخيرًا إلى دولة في أثيوبيا يحكمها الملك كيفيوس، وتصادف في ذلك الوقت أن كانت البلاد كلها في حزنٍ بالغ. فقُبيل ذلك أخذت كاسيوبيا ملكة كيفيوس تزهو بجمالها، وتمادت في غُرورها بأن قالت إنها أعظم جمالًا من النيريديات، فغضبت أولئك الحوريات، وطلَبْن من نبتيون أن يعاقبها، فأجاب نبتيون طلبهن، وأرسل وحشًا بحريًّا ضخمًا اجتاح البلاد، وعاثَ فيها تدميرًا وتقتيلًا، ملتهمًا كُلًّا من الناس والماشية.

لما يئس الملك استشار وحيًا عما يجب عليه أن يفعله؛ لدرء ذلك الخطر، فقيل له إنه لا شيءَ يزيل غضب الحوريات اللاتي أهينت كرامتهن سوى التضحية بابنته

أندروميدا لذلك الوحش.

كانت أندروميدا تفوق أمَّها جمالًا، وعزَّ على أبيها أن يضحي بها، رغم أن الوحش ينزل إلى الشاطئ يومًا بعد يوم، يُحدث الدمار بالبلاد، ويفتك بالأهلين ومواشيهم، حتى طفَح الكيل. فثار الشعب، واتجهت جموعٌ غفيرة نحو القصر، واقتحمت أبوابه، وصاحت تقول: «ضحِّ بأندروميدا يا كيفيوس، لا بدَّ من التكفير عن ضلالكما!»

إزاء ذلك حدَّد الملك يومًا، تُربط فيه أندروميدا بالسلاسل إلى صخرة على الشاطئ انتظارًا لمجيء الوحش، كي تخلص البلاد من ذلك الدَّمار. وفي اليوم المحدد اقتِيدت أندروميدا إلى حتفها وهي تبكي، رغم أنها كانت تسير بشجاعة، وبعد أن ربطت إلى الصخرة تركها أهلها وخدمها، والحزن يقطع أفئدتهم؛ لتلقى حتفها على يد ذلك الوحش.

تضرعت أندروميدا إلى الآلهة، وهي تنتظر فوق الشاطئ، أن يأتي حتفُها بسرعة. غير أن خلاصها هو الذي كان يُسرع إليها عند ذاك، ففي أثناء طيران برسيوس فوق أفريقيا أبصر على الأرض تحته هرجًا ومرجًا عظيمين، فانقضَّ منخفضًا، فشاهد من كثب فتاةٍ جميلةٍ مربوطةٍ بالسلاسل إلى صخرة، فهبط إلى الأرض عند قدميها مباشرة، وخلع قبعةَ بلوتو؛ كي تستطيع الفتاة رؤيته. فلما رأت شبحًا يظهر أمامها فجأة، ارتعدتْ ولكنه طمأنها وسألها عن خبرها، وعن سبب ربطها بالسلاسل إلى تلك الصخرة. فما إن سمع قصتها حتى اجتاحَتْه رغبة ملحة لينقذها، وانتظر كلاهما مجيء الوحش في سكون.

وفجأة انشقت المياه عن جبال من الزبد، وخرج من وسطها وحش في ضخامة الحوت، شق طريقه مباشرةً نحو الصخرة التي رُبطت إليها أندروميدا. بيد أنه وجد شابًّا يمتشق سلاحًا براقًا يقف في طريقِه، فانتحى الوحش جانبًا لينقض على برسيوس، ويسحق عظامه بين فكَّيْه الضخمين بمضغةٍ واحدة، ولكنه قبل أن يهمَّ بذلك تلقى طعنة نجلاء في قلبه، جعلت الدم يتدفق منه في نوافير عظيمة، ويصبغ الماء بلونٍ قرمزي في كل ناحية، وعندما استدار الوحش ليبحث ثانيةً عن برسيوس أصابَتْه ضربة أخرى من أعلى. وعبثًا حاول الوحش الهجوم على هذا البطل المجنَّح، فصار يتلقى الضربة تلو الضربة، حتى خارت قواه فمات، وطفَتْ جثته الضخمة فوق الأمواج.

شاهد الأثيوبيون المعركة، وهم واقفون على مسافةٍ بعيدة، فأقبلوا مبتهجين، وخلصوا أندروميدا من الصخرة. ولما طلب برسيوس يد أندروميدا، وافق أبواها مسرورَيْن على زواجهما، غير أن عمها فينيوس كان قد وُعِد بها منذ مدة، فجاء يطلبها الآن رغم أنه لم يحرك ساكنًا؛ لتخليصها من ذلك الخطر القاتل. فلم يهتم والداها بطلبه، إلا أنه ظهر فجأة عند وليمة العرس، ومعه جيش ضخم من الأتباع، وحاول خطفَها بالقوة. ولما بدا أن برسيوس سيُهزم أخرج هذا رأس ميدوسا بسرعة، فتحول فينيوس وأتباعه إلى حجارة.

عودة برسيوس

زود كيفيوس برسيوس وزوجته بسفينة جميلة انطلقت بهما نحو الجزيرة التي تقيم فيها داناي، فوجد برسيوس أن أمَّه اضطرت إلى الالتجاء إلى معبد للآلهة؛ فرارًا

من مغازلات بوليدكتيس الذي حاول تجويعها كي تخضع إليه. فلما علم بوليدكتيس بعودة برسيوس جمع جيشًا هاجمه به، ولكن برسيوس أظهر رأس ميدوسا مرةً ثانية، فحوَّل أعداءَه إلى أحجار، وهكذا أطلق سراح أمه، وأقام شقيق بوليدكتيس ملكًا على الجزيرة، وأعاد إلى الشقيقات الثلاث ذوات الشعر الأشيب الأشياءَ التي استعارها منهن. وقدم رأس ميدوسا إلى مينيرفا، ومنذ ذلك الحين تضع هذه الربة رأس الجورجونة على درعها المعروفة بالأيجيس.

بقي لنا من قصة برسيوس أن نوضح الكيفية التي قتلَ بها جدَّه أكريسيوس، محققًا بذلك نبوءة وحي الآلهة. والآن رغم الطريقة التي عامل أكريسيوس ابنته داناي، فإنها ما زالت تحبه. وبما أن برسيوس رغِب أيضًا في رؤية جده، أبحر الاثنان لزيارته في السفينة التي أهداهما إياها كيفيوس.

علم أكريسيوس أن ابنته داناي وحفيده لم يموتا وما برِحا على قيد الحياة، وأنهما في طريقهما إليه لزيارته. فامتلأ خوفًا؛ خشيةً أن تتحقق نبوءة الوحي أخيرًا، فأسرع بمغادرة البلاد. ولما وصل برسيوس وأمه إلى أرجوس وسألا عن الملك، لم يعرفْ أحد إلى أين ذهب.

أراد برسيوس أن يقطع الوقت ريثما يعود جده، فعزم على مشاهدة مباراة في الألعاب الرياضية في دولةٍ مجاورة، واشترك هو نفسه هناك في كثير من المباريات، ونال عدة جوائز. لم يعرفه أحد، وأُعجب الجميع ببراعته وكفاءته وقوته، وقُبيل نهاية المباريات أقيمت مباراة قذف الجلة، فتقدم برسيوس؛ ليختبر مهارته في تلك اللعبة، ولكنه عندما رفع القرص الحجري الثقيل، وهمَّ بقذفه، انزلق من يدِه وطاش جانبًا، فقتل رجلًا عجوزًا جاء ليشاهد المباريات. وعلِم من أتباع ذلك الرجل أنه أكريسيوس ملك أرجوس الذي لقِيَ حتفه المقدر له رغم فراره منه.

حزن برسيوس حزنًا شديدًا لوقوع ذلك الحادث، ونقل الجثة إلى أرجوس، حيث دفنت هناك في جنازةٍ لائقةٍ بها. وبعد انتهاء مراسم الحداد تبوأ برسيوس عرشَ أرجوس، حيث عاش في سعادة عدة سنوات يحكم خلالَها بالحكمة والعدل.

أوليات مغامرات ثيسيوس

لما سئم أيجيوس ملك أثينا هموم الحكم وأعبائه، ذهب لقضاء بعض الوقت في بلاط صديقه بيتثيوس ملك تروزين. فالتقى هناك بابنة ذلك الملك الحسناء، الأميرة أيثرا، فأحبها على الفور، وطلب يدها من أبيها، وهكذا تزوج أيجيوس أيثرا، فأنجبت له ابنًا سمياه ثيسيوس ليكون وارث عرش أثينا.

وأخيرًا وجد أيجيوس لزامًا عليه أن يعود إلى أثينا، ويستأنف مسئولياته. وعندئذٍ قرر أنه من الأفضل أن يترك ثيسيوس في قصر جده، بدلًا من أن يأخذه إلى مدينة أثينا الصاخبة، وزيادةً على ذلك سيكون عند جده بمأمن أكثر من متناول يد أعداء الملك الكثيرين.

قال أيجيوس لأيثرا: «عندما يستطيع هذا الغلام أن يرفع ذلك الحجر الضخم القائم عند مدخل الغابة، ويجد السيف الموضوع تحته، أرسليه إليَّ.»

انتظر ثيسيوس على أحرّ من الجمر، حتى يأتي الوقت الذي يستطيع فيه أن يختبر قوته. وأخيرًا جاء يوم ذهب فيه ثيسيوس إلى الغابة، واختبر قوته، وناضل بعنف مع ذلك الحجر، فزحزحه قليلًا. وحاول مرةً أخرى فدحرج الحجر بعيدًا، في بطء، فوجد تحته سيفًا جميل النقش، وزوجًا من النعال.

فقالت أيثرا لابنها: «ترك لك أبوك هذه الأشياء. إنه ملك أثينا، وبينه وبين أخيه عداوة؛ لذا خشي عليك القتل إن ذهبت إليه قبل أن تنضج قوتك، وتكفي لأن تساعدك على أن تأخذ ما هو لك. اذهب إليه الآن، وعسى أن تحافظ عليك الآلهة.»

عندما أراد ثيسيوس السفر، نصحه جده بأن يأخذ الطريق الأقصر والأكثر أمنًا في ذهابه إلى أثينا. غير أن ذلك الصبي كان يتلهف إلى إثبات رجولته، فاختار طريقًا مليئًا بكثيرٍ من الأخطار. وقد التقى بهذه الأخطار، بمجرد أن بدأ السير في ذلك الطريق، فالتقى أولًا بقاطع طريق أعرج عظيم القوة اسمه بريفتيس، يقال إنه ابن فولكان، فما إن أبصر ذلك اللص ثيسيوس يسير في الطريق، حتى انقضَّ عليه في وحشيةٍ بالغة، وهوى عليه بهراوة حديدية ضخمة. بيد أن ثيسيوس انتحى جانبًا ليتحاشى الضربة، وفي لمح البصر هجم على ذلك اللص وقتله.

التقى ثيسيوس، بعد ذلك، بلصٍّ آخر يُدعى بروكروستبس، وكان ضخم الجسم كأنه عملاق، وشرس الأخلاق. فإذا ما قبض على عابر سبيل سيئ الحظ، حمله على كتفه وذهب به إلى وكره، حيث يوجد سرير حديدي يضع فوقه المسافر المسكين، فإن كان السرير أقصر منه، بتر أعضاءه؛ ليلائم طول السير. وإن كان السرير هو الأطول، شدَّ أعضاءه حتى يصبح ذلك المنحوس الطالع، بطول السرير، ولكن ثيسيوس برهن على أنه أكثر من ندٍّ له. وبعد أن هزم بطلنا ذلك العملاق، عاقبه بمثل عمله، فساواه بطول سريره.

ثيسيوس والمينوطور

لما وصل ثيسيوس إلى أثينا، وذهب إلى الملك، تعرَّف هذا الملك على السيف الذي تركه لابنه، فرحب به مسرورًا، وأعلن في الحال أنه وارث العرش.

في ذلك الوقت كانت أثينا في حزنٍ بالغ؛ إذ تضطر هذه المدينة في كل سنة إلى أن ترسل جزية إلى كريت، عبارة عن سبعة شبان وسبع فتيات من الشباب الفائق الجمال والقوة؛ كي يكونوا طعامًا للمينوطور، ذلك الوحش الغريب الذي نصفُه لثور ونصفه الآخر لرجل.

يعيش ذلك المينوطور في وسط متاهة لا يمكن أن يخرج منها من يدخلها، دون أن يعرف سر بنائها.

فلما سمع ثيسيوس قصة هذه الجزية، طلب اختياره واحدًا من الشبان السبعة، وعبثًا توسل والده أيجيوس لكي يثنيه عن عزمه. أصرَّ ثيسيوس على أنه إما أن يقتل المينوطور، أو يموت في محاولته، ولكن أيجيوس طلب منه معروفًا واحدًا.

«إن عدت سالمًا فاستبدل الأشرعة السود لسفينتك بأشرعة بِيض؛ كي أعرف أنك انتصرت على المينوطور.»

وعد ثيسيوس أباه بذلك، وأبحر إلى كريت، حيث مثَلَ جميع الشبان والفتيات أمام الملك مينوس، الذي أدهشته جرأة ثيسيوس وتطوعه مختارًا أن يكون من بين أفراد الجزية، ولكنه أكد له أنه لن يقدِّم له أيَّ عطف زيادة على ما يقدم لزملائه.

قال مينوس: «يجب أن تقابلوا حتفَكم غدًا.»

شاءت الظروف أن تكون أريادني ابنة مينوس جالسة إلى جانبه، فامتلأت إشفاقًا على هذا البطل الصغير الجميل، وعقدت عزمها على أن تنقذَه رغم قرار أبيها. فلما أقبل الليل، تسللت سرًّا إلى الحجرة التي حُبس فيها الأسرى الأثينيوس، وكشفت لثيسيوس عن شخصيتها، وهربت إليه شيئين دون أن يعلم بهما أحد. أمدته بسيف باتر وكُرة من الخيط، وطلبت منه أن يكون بالغ الجرأة.

وفي الصباح التالي، قاد الحراس ثيسيوس وزملاءَه إلى المتاهة حيث أدخلوهم إليها، وأقفلوا الباب وراءهم. غير أنهم لم يلاحظوا ثيسيوس، وهو يربط أحد طرفي الخيط بقائم الباب الخارجي، فسار الأثينيون ببطء في طرقات المتاهة، وهم يكون آملين ألا يلتقي بهم المينوطور. أما ثيسيوس فكان وحده هو المحتفظ برباطة جأشه ومرحه، غير خائف ولا وَجِل. وأخيرًا سمعوا الصوت المدوي لتنفس ذلك الوحش الذي ما إن شم رائحة الدم البشري، حتى جاء يسعى مقتربًا أكثر فأكثر، وانقضَّ إلى داخل الحجرة التي يقبع فيها الأسرى الأثينيون يرتجفون ذعرًا ويبكون.

كان ثيسيوس واقفًا بالمرصاد، شاهرًا سيفه استعدادًا للقتال حتى الموت. فلما أبصره الوحش وثبَ ليهجم عليه، ويرفعه فوق قرنيه، ولكن ثيسيوس تحاشى تلك الهجمة، وانتحى جانبًا يضرب الوحش بسيفه، ففصل إحدى أرجله. فارتمى الوحش على الأرض كأنه البناء المشمخر، وعندئذٍ عاجله ثيسيوس بطعنة من حُسامه، فغيَّب النصل في قلبه.

أسرع ثيسيوس يتبعه الأسرى وهم ما زالوا يرتجفون، يقتفي طريق الخيط، حتى وصل إلى الباب، فوجد أريادني واقفة تنتظر لترحب به، وقد امتُقع وجهها من طول الانتظار. فصاحت تستقبله فرِحَة مغتبطة، وأسرعت به وبزملائه إلى السفينة التي أحضرَتْهم، وكانت لا تزال راسية هناك تنتظر، وما إن ركبوها جميعًا حتى رُفعت مراسيها على الفور، وأسرعت إلى عرض البحر فرارًا من ساحل كريت، قبل أن يدرك مينوس ورجاله ما حدث.

مغامرات ثيسيوس الأخرى

شاء سوء الحظ ألا يقدم ثيسيوس الشكر لأريادني التي كانت السبب في نجاته هو وأصحابه، وإنما تركها في جزيرة ناكسوس، وهو في طريق عودته إلى وطنه. ويقال إنه فعل هذا بأمر من باخوص، الذي ظهر في تلك الجزيرة، بعد ذلك بوقتٍ قصير، وأخذ أريادني زوجة له. وزيادةً على ذلك، فلما اقترب ثيسيوس من أثينا، نسي وصية والده، فلم يستبدلِ بالأشرعة السود بأخرى بيض. وكان الملك العجوز واقفًا على الشاطئ يراقب الأفق يومًا بعد يوم؛ أملًا في أن يكون ثيسيوس قد هزم المينوطور بطريقةٍ ما. وأخيرًا، لمح الأشرعة من مكانه على الشاطئ، فوجد أنها ما زالت سوداء، فأحزنه ذلك المنظر حزنًا شديدًا أفقده صوابه، فألقى بنفسه في البحر.

ندم ثيسيوس على سهوه هذا، حيث لا ينفع الندم، ولكن الأهلين رحبوا به ملكًا على أثينا، فحكم هناك عدة سنوات. وكانت حياته زاخرة بالمغامرات، ففي إحدى المرات مثلًا قبَض على إحدى الأمازونات، وهن أُمَّة من النساء المحاربات، فجعلها ملكته. فشنت زميلاتها الحرب عليه شعواء، ولكنهن لما شاهدن زوجته تساعده في المعركة، غضبن وقتلنها. وبعد أن مضى على هذا زمنٌ ما، تزوج شقيقة أريادني المسماة فايدرا.

مغامرات بلليروفون

كانت الخيمايرا وحشًا مفزعًا، إنها مخلوق غريب يلقي الرعب في القلوب؛ إذ كان خليطًا من عدة وحوش. كان جزء من جسمه لأسد، وجزء آخر لعنزة، وأرجله الخلفية لتنين وأنفاسه من النار. كان يعيش في لوكيا مُحدِثًا أضرارًا جسيمة. فبحث ملك البلاد المسمى أيوباتيس في جميع بلاد الإغريق عن بطل يمكنه الفتك بهذا الوحش. وأخيرًا، جاء بلليروفون ابن ملك كورنثة لزيارته، فلما سمع عن الخيمايرا تطوع بأن يحاول قتلها، فقبل أيوباتيس عرضه واستعد بلليروفون للمعركة.

رغم ذلك، فقبل أن يخرج بلليروفون لقتل الخيمايرا، استشار وحيًا للآلهة، فقيل له أن يضمن أولًا أن يساعده في المعركة جواد مجنَّح اسمه بيجاسوس، نشأ من دم الجورجونة ميدوسا. وفي وقتٍ لاحق قبضت مينبرفا على ذلك الجواد، وقدمته إلى الموزيات. فطلب بلليروفون معاونة مينبرفا، فأهدته اللجام الذهبي، وقادته إلى الينبوع الذي اعتاد بيجاسوس أن يذهب إليه في كل ليلة ليشرب من مائه. وبمساعدة ذلك اللجام، استطاع بلليروفون أن يقبض على الجواد، ويخشعه لسيطرته. فامتطى هذا البطل صهوته فصعِد به في الجو، ولما أبصر الخيمايرا أمكنه أن يمطرها بوابلٍ من سهامه من كل جانب؛ وذلك ليتجنب الاحتراق بأنفاسها النارية. وهكذا تغلب عليها وقتلها.

ويُحكى أن بلليروفون أخذ يملأ شدقيه زهوًا بسيطرته على ذلك الجواد المجنَّح، وركب رأسه لدرجة أنه حاول أن يطير به إلى أوليمبوس، لولا أن جوبيتر أرسل ذبابة خَيْل لدغت بيجاسوس، وهو طائر في أعالي الجو، فجفل بعنفٍ وأوقع بلليروفون من فوق السرج، فمات هذا البطل الشاب، وعاد الجواد إلى خدمة الموزيات.

دامون وبوثياس

من أشهر أبطال العصور القديمة صديقان حميمان نالا إعجاب الناس، وصارا مضرب الأمثال في الوفاء. إنهما دامون وبوثياس.

من المعقول جدًّا أن يكون هذان الرجلان حقيقيين وعاشا في عصرٍ واحد. تقول القصة إنهما كانا من رعايا الطاغية ديونيسيوس حاكم سيراكوز بصقلية إبَّان القرن الخامس قبل بداية عصرنا. اشتهر دامون وبوثياس بالحكمة ودماثة الخلق، غير أنه لا توجد سجلات تؤكد ذلك. وذات يومٍ أثار بوثياس غضب ذلك الطاغية، فحكم عليه

بالإعدام. فقبل الحكم بشجاعة، ولكنه طلب من ديونيسيوس أن يسمح له بمهلة يذهب فيها إلى بلده؛ ليسوي أموره. فأجابه الطاغية إلى طلبه على شرط أن يضمنه شخص ما، فإن لم يحضر في الموعد المحدَّد قتل ذلك الشخص بدلًا منه. فتطوع دامون بأن يبقى رهينة حتى يعود بوثياس، وبذا يضمن الطاغية عودته.

سمح الطاغية لبوثياس بالانصراف، ولكنه حذَّره مغبة عدم عودته بقوله: «سمحت لك بهذه المهلة، ولكن يجب أن تعود في الساعة كذا يوم كذا، وإلا أعدم صاحبك مكانك.»

رحل بوثياس إلى بلده الواقع على مسافة بعيدة، وسوى أموره هناك، وقسَّم ممتلكاته بين أقاربه، وخرج من هناك عائدًا إلى سيراكوز، ولكن لسوء الحظ تأخَّر في الطريق أثناء عودته لأسباب خارجة عن إرادته. لقد فاض نهر وامتلأ حتى حافته بالماء، وكان على بوثياس أن يعبره. فناضل بجِدٍّ حتى عبره. كما هبت عاصفة عاتية جعلت السير في الطريق متعذرًا، فطفِق يشق طريقه بصعوبة وهو يجاهد بأقصى ما في مكنته. وأخيرًا بعد كل هذه المشاق، وصل إلى سيراكوز في اللحظة الأخيرة من المهلة المحددة. وبينما كان السيَّاف يرفع يده بالسيف ليهوي به على عنق دامون، فيفصل رأسه عن جسده؛ إذ ببوثياس يشق طريقه وسط الجموع، وهو يلهث من كثرة الجري، وصاح يقول: «أوقف سيفك! ها أنا ذا قد حضرت!» وركع أمام السياف مكان دامون ليتلقى الضربة القاضية، ولكن ديونيسيوس امتلأ دهشةً وإعجابًا لوفاء هذين الصديقين، فصفح عن بوثياس، وطلب أن يكونا من أصدقائه.

مغامرات هرقل

مولد هرقل وحياته المبكرة

ما من بطل في العصور القديمة نال من الشهرة ما نال هرقل (هيراكليس الإغريقي)، هو ابن جوبيتر وألكميني الطيبية. وقد دأبت جونو على عداء أبناء جوبيتر من زوجاته الأخريات، ولكن عداوتها لهرقل فاقت كل حد؛ إذ كانت متأصلة وتتصف بالقسوة القاتلة. وقد رتبت الأمور قبل مولد هرقل لكي تمنعه حكم مملكة، وبينما هو في مهده، أرسلت ثعبانين ليخنقاه، ولكن الولد هرقل كان قويًّا جدًّا قوة خارقة، فما كان منه إلا أن أمسكهما في يديه وخنقهما.

تلقى هرقل في شبابه تعليمًا في جميع فنون الرجال، وتدرب على أيدي خيرة معلِّمي بلاد الإغريق، فلقَّنه أمفتريوس ملك طيبة ابن ألكايوس، وحفيد برسيوس، والذي اشتهر بأنه والده، لقَّنه دروسًا في فن قيادة العربات. وعلمه أوتوليكوس بن ميركوري المصارعة، وعلمه الملك يوريتوس الرماية، وعلمه كاستور الذي هو أحد أبناء جوبيتر كيفية الصمود في القتال العنيف. ولقنه لينوس بن أيولو دروسًا في الغناء والعزف على القيثارة، ودرَّبه رادامانثوس، الذي بسبب أخلاقه الحميدة، صار فيما بعد أحد قضاة العالم السفلى، دربه على الحكمة والفضيلة، ولكن هرقل في شبابه ورجولته، كان يفتقر إلى ضبط النفس، ففي إحدى سورات غضب مفاجئة قتل معلمه لينوس.

نفى أمفتريون هرقل؛ بسبب جريمة قتل معلمه، إلى الريف، حيث جعله يرعى الماشية. فنما وترعرع في الخلاء، واطرد نمو قوته يومًا بعد يوم. وفي ذلك الوقت بدأ يقوم بأعمال مدهشة تنم عن فرط القوة والجرأة، فقتل الأسد الثيسبي، الذي ظل وقتًا طويلًا يفتك بقطعان الأغنام في الجهات المجاورة. ومنذ ذلك الحين، أخذ هرقل يرتدي جلد هذا الأسد، وجعله لباسه العادي. وكان يحمل هراوة ضخمة قطعها بنفسه من شجرةٍ قريبةٍ من منطقة نيميا.

زواج هرقل وجنونه

قضى هرقل حياته كلها في خدمة زملائه البشر. ويُحكى أنه رأى حلمًا في حياته المبكرة: رأى سيدتين تقفان في مفترق الطريق.

قالت إحدى السيدتين لهرقل: «أنا السرور، وعندي لك عدة هدايا. أهبك سهولة العيش والترف والثروة، والأصدقاء الشكورين، والبيت السعيد، والأولاد الذي يخلدون اسمك ويتذكرونك. لن تحتاج إلى شيء، ولن تقاسي أية مشقات، ولن تعرف الحزن إطلاقًا، فتعالَ معي.»

وقالت الأخرى: «أنا الواجب، اخترني تكن المشقة دائمًا في ركابك، وستكون الراحة غريبة عليك، وكثيرًا ما ستعاني الألم، ويمزق الحزن قلبك. ومع ذلك

فسيتذكرك البشر بالشكر، وعرفان الجميل. ستكون بطل شعبك وسيخلدون اسمك إلى الأبد، فتعال معي.»

لم يتردد هرقل في حلمه، بل سار في طريق الواجب، وأحيانًا يُطلق على الواجب اسم «اختيار هرقل».

تحقق كل ما وعدته به الواجب.

فلما رجع هرقل من منفاه راعيًا، ساعد أخاه غير الشقيق إيفكليس وأباه بالتبني أمفتريون في حرب شناها لتحرير مدينتهما. ورغم أن أمفتريوس قُتل في هذه الحرب، إلا أن العدو هُزم هزيمة نكراء بفضل بسالة هرقل، فنال مكافأته يد الأميرة ميجارا، فعاش وقتًا ما سعيدًا معها ومع أولاده منها.

أطلت جونو من أوليمبوس إلى الأرض، فلم تُطِقْ رؤية هرقل في سعادةٍ ورغد عيش، فأرسلت إليه جنونًا جعله يقتل أولاده وهو في غمرة جنونه، كما قتل اثنين من أولاد أخيه إفكليس. غير أن مينيرفا أشفقت عليه، فأرسلت إليه نومًا عميقًا أنقذه من اقترافِ جرائم أخرى. فلما استيقظ من نومه، كان سليم العقل مُعافًى. فحزن حزنًا عميقًا على ما فرَط منه.

أعمال هرقل الستة الأولى

عرف هرقل أن مجرد الحزن لا يكفي، فسعى إلى تطهير نفسه بطرقٍ أخرى. فاستشار الحكماء والكهنة ووحي الآلهة. وأخيرًا فرض على نفسه حكمًا قاسيًا، أن يخدم ابن عمه الملك يوريسثيوس، وينفذ أوامره مهما تكن، وذلك لمدة اثني عشر شهرًا. وفي تلك الأثناء أوحت جونو إلى يوريسثيوس بعدة أعمالٍ يفرضها على هرقل، فتُسبب له معاناة وإهانة بالغتين.

العمل الأول: أمر يوريسثيوس هرقل بأن يقتل أسد نيميا، ذلك الوحش الكاسر الضخم الذي روَّع الأهلين، وقتل الناس والماشية، ولم تفلح في القضاء عليه أية هجمات قام بها سُكان منطقة نيميا. كما أمر بأن يحضر إليه ذلك الأسد مقتولًا، فانطلق هرقل إلى تلك المنطقة، وأخذ يبحثُ في كافة أرجائها، حتى وجد ذلك الضرغام، فنشِب بينهما قتال مُفزع. ووجد هرقل أن سهامه وهراوته الضخمة ليست كافية لقتل هذا الأسد. فألقى البطل قوسه وعصاه جانبًا، وهجم على الوحش بيديه القويتين فخنقه حتى مات، فحمله على كتفيه، وذهب به إلى يوريسثيوس كما طلب، فارتعد هذا الأخير فرائصَ وأعضاءً؛ لرؤية ذلك الوحش الغضنفر.

العمل الثاني: أمر هرقل بأن يقتل الهيدرا، أو أفعوان ليرنا. فلما التقى به من كثبٍ وجد له تسعة رءوس، فإذا ما ضرَب بعصاه رأسًا منها فأطاح به، نبَتَ مكانه

على الفور رأسان آخران جديدان. أما الرأس الأوسط فكان خالدًا، قاوم كافة الجهود التي بذلها هرقل لقطعه، فلاح لهرقل أن جهوده كله تذهب أدراج الرياح، ولكنه لم يعدم حيلة، فاستعان بابن أخيه أيولاوس الذي صحِبَه في هذه المرة. فربط الأفعوان إلى شجرةٍ ضخمة، وأوقد نارًا تحت رءوسه القابلة للفناء، فالتهمت النار الرءوس الجديدة بمجرد نموِّها، حتى أتت عليها جميعًا، ولم يبقَ للأفعوان سوى الرأس التاسع الخالد، فدفنه هرقل تحت صخرةٍ عاتية. وانتفع بدم ذلك الأفعوان بأن غمس فيه سهامه فسمَّمها.

العمل الثالث: القبض على الوعل الأركادي، ذلك الحيوان العجيب البالغ السرعة، ذي القرون الذهبية والأظلاف البرنزية. خرج إليه هرقل يبحث عنه حتى وجده، فظل يطاردُه مدة عام كامل دون جدوى؛ بسبب سرعته العظيمة. وأخيرًا وبعد لَأْيٍ استطاع هرقل أن يجرح ذلك الوعل جرحًا بسيطًا، وبذا قبض عليه وحمله على كتفَيْه، وذهب به إلى يوريسثيوس.

العمل الرابع: صيد الخنزير الإريمانثي، طلب يوريسثيوس من هرقل أن يحضر له ذلك الحيوان حيًّا. وكان هذا الخنزير بالغ الشراسة، عاثَ في تلك المنطقة الريفية تحطيمًا وتدميرًا، وأتى على اليابس والأخضر. فطارده هرقل وسط الثلوج العميقة المتراكمة على الجبل الذي يعيش فيه هذا الخنزير، وظل يطارده وهو يراوغُه، وأخيرًا أمسكه في شبكته الضخمة، وحمله إلى سيده يوريسثيوس.

العمل الخامس: تنظيف حظائر أوجياس ملك إليس. كان لهذا الملك قطيعٌ يتكون من ثلاثة آلاف ثور، ظلت حظائرها لا تنظف لمدة عدة سنوات، حتى تراكمت فيها الأقذار إلى درجةٍ لا تطاق. فلما كلف هرقل بتنظيفها، سد نهري ألفيوس وبينيوس، وجعلهما يصبَّان مياههما في تلك الحظائر. فأخذت المياه المتدفقة تجرف الأقذار أمامها شيئًا فشيئًا، حتى نظفتها تمامًا، وعندئذٍ أعاد هرقل النهرين إلى مجرَيَيْهما الأصليين مرةً أخرى.

العمل السادس: قتل الطيور الستمفالية، تلك الطيور التي كانت تحت الرعاية الخاصة للإله مارس، كانت مخالب وأجنحة ومناقير هذه الطيور من البرنز. فإذا ما هاجمت عدوًّا أو فريسة استخدمت ريشها سهامًا، وكانت جشِعة تفضل لحوم

البشر على كل ما عداها من الأطعمة. وكانت تعيش في بحيرة قرب منطقة ستمفالوس في أركاديا، فأمر يوريسثيوس هرقل بأن يطرد تلك الطيور من مأواها ويقتلها. فطلب هرقل مساعدة مينيرفا، فزوّدَتْه بمصلصلة عظمى أزعج صوتها تلك الطيور، فانطلقت من مجاثمها تطير من جو السماء. وعندئذٍ أخذ هرقل يصوب إليها سهامه حتى قتلها جميعًا.

أعمال هرقل الستة الأخيرة

☐ **العمل السابع:** القبض على الثور الكريتي الجميل، الذي أهداه نبتيون إلى مينوس ملك كريت، وصار فيما بعدُ بالغَ الضراوة. فأمر هرقل بالقبض عليه، ففعل وحمله على كتفيه القويتين، حتى دخل به على يوريسثيوس، فتركه في قصره.

☐ **العمل الثامن:** القبض على أفراس ديوميديس، ذلك الملك القاسي الذي كان يُطعِم خيوله لحوم البشر. فاستعان هرقل ببعض أصدقائه، وأمسك بتلك الخيول، وسار بها مرتحلًا إلى وطنه. فطاردهم ديوميديس وأتباعه، فنشيبت بينهم معركة انتصر فيها هرقل، وسقط ديوميديس صريعًا. فألقى هرقل بجثته إلى خيوله، فما أن التهمت لحم سيدها، حتى رجعت أليفة ترفض أكل لحم الإنسان.

☐ **العمل التاسع:** كان هذا العمل بالغ الصعوبة بحقٍّ، وهو الحصول على زنار هيبوليتي ملكة الأمازونات، أولئك النسوة المحاربات اللواتي أسَّسْن مدينة خاصة بهن في آسيا الصغرى. وكانت هيبوليتي قد أهداها مارس زنارًا غاية في الجمال. فتلهفت أدميتا ابنة يوريسثيوس إلى امتلاك هذا الزنار الفريد. فحثَّت أباها على أن يأمر هرقل بإحضاره، وبعد عدة مغامرات، وصل هرقل أخيرًا إلى مملكة الأمازونات، فاستقبلته هيبوليتي بالترحاب، ووعدته بأن تهدي إليه ذلك الزنار، ولكن جونو اتخذت صورة إحدى الأمازونات، وأدخلت في روع تابعات هيبوليتي أن هرقل سيأخذ ملكتهن أسيرة، فهاجمهن هرقل الذي ظن هناك خيانة من هيبوليتي، فقتلها وأخذ الزنار، وقفل راجعًا إلى وطنه، حيث قدم الزنار إلى يوريسثيوس.

العمل العاشر: القبض على ثيران جيريون، ذلك العملاق ذي الثلاثة الرءوس، والذي يعيش في جزيرة إروثيا الصغيرة وغير المعروفة جيدًا. كان جيريوس هذا ضخمَ الجسم عظيم القوة ومسلحًا بأسلحة قوية. ويساعده في حراسة قطعان ماشيته الكبيرة عملاقٌ آخر اسمه يوروتيون، وكلب ذو رأسين. ظل هرقل مدة طويلة يبحث عن جزيرة إروثيا، مارًّا بعدة بلاد منها حدود أوروبا، ولكي يضع علامة تبين مدى تقدمه. وضع جبلين شاهقين كأعمدة أطلق عليهما الأقدمون اسم «أعمدة هرقل»، وأطلق عليهما المحدثون اسم «جبل طارق». ولما ضايقت حرارة تلك المنطقة هرقل، أطلق بعضَ سهامه نحو الشمس. فأُعجب إله الشمس بجرأته، وأعطاه قاربًا من الذهب يقود نفسه تلقائيًّا؛ ليبحث به عن جزيرة إروثيا. فلما وصل إليها قتل جيريوس ويوروتيون والكلب، وشحن الثيران في قاربه السِّحري، وعاد به إلى شاطئ بلاد الإغريق، حيث أعاد القارب ثانية إلى الشمس.

العمل الحادي عشر: إحضار تفاح الهسبيريديات الذهبي. لم يعرف هرقل موضع التفاح الذهبي المقدَّس، ولكنه كان يعلم أن الشجرة التي تُثمر ذلك التفاح يحرسها تنين دائم اليقظة، فلا يُسمح لأي فرد بأن يمرَّ من هناك، كما أن لديه مناعة ضد الجروح. وزيادة على هذا، كان يعرف أن أطلس، ذلك التيتان الذي يحمل السماء فوق كتفَيْه، يقيم بالقرب من الحديقة التي بها ذلك التفاح، وأن بنات أطلس الهسبيربديات، يرقصن باستمرار حول تلك الشجرة التي تثمر ذلك التفاح العجيب. وبعد تجوالات طويلة، عثر هرقل على أطلس، فرجاه أن يذهب معه، ويقطف له بعضًا من ذلك التفاح. فوافق أطلس على أن يأتيه بالتفاح إن حمل ثقل السماء بدلًا منه، ريثما يجيئُه ببغيته. فقبل هرقل وحمل السماء، وانصرف أطلس وعاد بعد فترةٍ قصيرةٍ، ومعه عدة تفاحات ذهبية، ولكنه رفض أن يحمل ثانية حمله القديم؛ إذ ابتهج بحريته. وكان راضيًا تمام الرضا بأن يحل هرقل محلَّه إلى الأبد.

قال أطلس مقهقهًا: «سآخذ التفاح إلى يوريسثيوس بدلًا منك، وأخبره بأنك لا تستطيع إحضاره له بنفسك.»

تظاهر هرقل برضاء عن فكرة أطلس، وقال: «ولكن حمل السماء ليس موضوعًا على كتفي بطريقةٍ مريحة.» قال هذا، وهو يتململ ويحرك الحمل بعدم ارتياح، ثم

مضى يقول: «أمسك السماء لحظة واحدة فحسب، ريثما أضع جلد الأسد كوسادة فوق ظهري.»

لم يشتبه أطلس في وجود خدعة، فحمل السماء ثانية. وما إن استقرَّت على كتفيه، حتى خطف هرقل التفاح الذهبي من يديه، وودعه مبتسمًا.

العمل الثاني عشر: والأخير من الأعمال التي كُلف بها هرقل، لم يكن أقل مشقة من أي عملٍ سابق. كُلف هرقل بإحضار الكلب كربيروس من العالم السفلي. وهنا أيضًا اضطر هرقل إلى طلب مساعدة الآلهة. فصحبه في رحلته المخيفة إلى مملكة هاديس كلٌّ من مينيرفا وميركوري. فرحب بلوتو بطلبه أن يأخذ كربيروس معه إلى العالم العلوي، على شرط ألا يستخدم أية أسلحة ضد كلبه ذي الرءوس الثلاثة، والذي يحرس العالم السفلي. فناضل هرقل مع الكلب بقوته المجردة فحسب، وأخيرًا تمكن من إخضاعه، وحمله إلى يوريسثيوس؛ لكي يفحصه فحسب، ثم أعاده ثانيةً إلى المناطق السفلى.

حياة هرقل الأخيرة

تُروى عدة حكايات أخرى عن هرقل الذي أصبح البطل القومي لبلاد الإغريق. عاد إليه الجنون مرة أخرى، فقتل صديقه إفيتوس. ولكي يكفر عن هذه الجريمة، فرض على نفسه أن يخدم عبدًا لمدة ثلاث سنوات، فوضع نفسه في هذه المرة تحت إمرة امرأة هي الملكة أومفالي. ويُحكى عنها أنها لكي تظهر سيطرتها على هرقل، أمرته بارتداء ثياب النساء، ويغزل الصوف، بينما لبست هي جلد الأسد.

عندما ربط بروميثيوس بالسلاسل إلى صخرة في القوقاز، وجد تعزية واحدة أدخلت السرور على نفسه، وهي أن واحدًا من نسل جوف نفسه سيأتي ويخلصه من قيوده. وهذه الحادثة التي قررتها الأقدار تحقَّقت في الوقت المناسب، عندما أبصره هرقل أثناء قيامه بإحدى رحلاته، فامتلأت نفسه إشفاقًا على هذا التيتان الذي قاسى مثل هذا العذاب؛ بسبب خدمته للبشر. وصمَّم على قتل الطائر الجارح الذي كان يتغذَّى بلحم بروميثيوس. فنفذ ما أراده، وخلص واهب النار البشر من سلاسله. وفي رحلةٍ أخرى التحم هرقل مع أنتايوس أحد أولاد نبتيون؛ إذ تحداه في القتال، فوجد هرقل أنه في كل مرة يطرح خصمه أرضًا، ينهض هذا وقد تضاعفَتْ قوته بعد الاتصال بالأم الأرض. وعلى ذلك رفعه هرقل في الهواء، وظل يخنُقه حتى أخضعه.

تزوج هرقل ديانيرا ابنة أوينيوس، وشقيقة ملياجر، تلك التي جاءه الموت عن طريقها. فذات مرة وصل هرقل وديانيرا إلى مخاضة نهر، حيث كان القنطور نيسوس ينقل الناس خلالها نظير أجر. وكان بوسع هرقل نفسه أن يعبر ذلك المجرى بغير عناء، أما ديانيرا فجعل نيسوس يحملها فوق ظهره ليعبر بها النهر. وكانت ديانيرا ذات جمالٍ

بارع، فلما أبصرها نيسوس بدلًا من أن يحملها إلى الضفة الأخرى للنهر، استدار بها واتجه نحو المغارة التي كان يعيش فيها، فأمسك هرقل قوسه، وهو واقف على الضفة الأخرى. وأطلق منها سهمًا اخترق قلب نيسوس، وبينما هذا الأخير يلفظ آخر أنفاسه، همس إلى ديانيرا، وأخبرها بأن دمه تعويذة سحرية للحب، تساعدها على الاحتفاظ بحب زوجها لها.

صدقت ديانيرا نيسوس بغباء. وذات مرة عندما تأجَّجت نار الغيرة في فؤادها؛ إذ لاحظت اهتمام هرقل بفتاة أسيرة، فغمست ثوبًا سيلبسه هرقل في دم نيسوس الذي كانت تحتفظ به لوقت الحاجة. غير أن ذلك الدم كان في الحقيقة سمًّا قاتلًا. فلما ارتدى البطل ذلك الثوب، امتد شره إلى لحمه؛ إذ التصق الثوب بجسمه، وظل يذيب لحمه مسببًا له آلامًا مبرحة قاتلة. وعبثًا حاول هرقل أن ينزع الثوب عن جسده، فصعِد إلى جبل وجمع كومة من الأخشاب، ورقد فوقها لتكون كومته الجنائزية. ثم أمر بإشعال النار فيها، إلا أن جوبيتر تدخل في اللحظة الأخيرة. فخطفه إلى أوليمبوس، حيث تصالح مع جونو، فأعطته ابنتها هيبي ليتزوجها.

[1] لقب هرقل أحيانًا باللقب ألكيديس، أي أحد أفراد أسرة الكايوس.

البحث عن الجزة الذهبية

كيف بحث جاسون عن مملكته

يُحكى أنه كان في أيولكوس بتساليا، ملك يُدعى أيسون سئم الحكم، غير أن ابنه جاسون كان لا يزال صغيرًا، ولا يمكن أن يلبس التاج، وعلى ذلك عَيَّن أيسون أخاه غير الشقيق بيلياس نائبًا للملك، على شرط أن يسلم مقاليد الحكم إلى جاسون عندما يبلغ هذا الغلام سن الرشد. وفي تلك الأثناء عهد أيسون بتعليم ابنه جاسون إلى القنطور خيرون، وانسحب هو إلى قريةٍ بعيدة.

مرت الأيام وتعاقبت السنون، ونمت سلطة بيلياس، ولم يعبأ بوعده لأخيه أيسون ولا بالصبي جاسون، واعتبر نفسه ملك أيولكس، وكذلك اعتبره جيش أتباعه. لم يحسن بيلياس سياسة الحكم، فانتابته الشكوك في بعض الأوقات، ولكي يطمئن على حكمه، ويريح باله مما يساوره من قلق، عزم على أن يستشير وحيًا، فتلقى هذا الرد الغريب:

«لا تخش إلا رجلًا يلبس فردة حذاء واحدة!»

حار بيلياس في تفسير هذا الرد، ولكنه قرَّر أن ينتظر، ويرى ما سوف يتمخض عنه المستقبل. وتصادف في أحد الأعياد العظمى لنبتيون، أن أرسل بيلياس الدعوة إلى كل فرد في جميع أنحاء البلاد؛ ليشترك في ذلك العيد. وفي نفس الوقت الذي كانت تقوم فيه الاستعدادات لهذا العيد، كان جاسون قد صار شابًّا يافعًا عظيم القوة والمهارة، فعزم عن أن يطالب عمه بالعرش الذي هو من حقه. فسار إليه مرتحلًا عدة أيام، وقبل أن يصل على أيولكوس، أبصر أمامه مجرى ماء يتدفق تيار الماء فيه بسرعة خطرة.

لم يتطرق الخوف إلى نفس جاسون، بل أخذ يعبر ذلك المجرى. وعندما قارب الوصول إلى الضفة الأخرى، اصطدمت قدمه بصخرة نائئة في قاع المجرى، فحاول تخليصَ قدمه منها، ولكنه عندما وصل إلى اليابسة وجد أنه فقد فردةَ حذاء تحت الماء. فهز كتفيه واستمر في سيره إلى المدينة دون أن يتوقف؛ ليحصل على فردة حذاء أخرى.

وهكذا وصل جاسون إلى عمه الملك بيلياس، وكان جالسًا فوق عرشه في الساحة العامة وسط حاشيته. فاتجه إليه جاسون مباشرة، وانحنى له في احترامٍ بالغ.

صاح جاسون يقول: «أهلا أيها الملك!» ومد يد اليمنى ليصافح بيلياس، فتألق في إحدى أصابعه خاتم من الياقوت عظيم القيمة. كان أيسون قد خبأه عند خيرون، وأوصاه بأن يعطيه ابنه عندما يبلغ هذا أشده، ليكون دليلًا على سلطته الملكية.

أحدق بيلياس نظره إلى الجوهر الملكي فتعرَّف عليه، غير أن ما أقلقه وبلبل أفكاره، وغرس الخوف في قلبه، هو أنه عندما اتجه ببصره إلى الأرض ألفى جاسون يلبس فردة حذاء واحدة، فتذكر تحذير الوحي، ولكنه أخفى مخاوفه وتظاهر بالترحيب بابن أخيه في ابتسام زائف. ومر يوم بعد يوم، ولم يحاول بيلياس أن يسلم التاج إلى

جاسون. وأخيرًا ذكره جاسون في جرأة بحق الميراث، وبأنه أصبح الحاكم الشرعي لأيولكوس، وليس بيلياس.

فسأل جاسون عمه بقوله: «متى ستتنازل عن السلطة يا عماه؟»

صمت بيلياس بعض الوقت، يفكر في وسيلة يتخلص بها من هذا الشاب الخطر. لم يجرؤ على أن يقتله؛ لأن مواطني المدينة قد رحبوا بفكرة أن يكون ملكهم ابن أيسون الطيب، بدلًا من بيلياس الظالم.

وأخيرًا أجاب بيلياس يقول: «يبدو لي، يا ابن أخي أنه لا يليق أن يتحمل شاب عديم التمرين، وغير محنَّك في أساليب الدنيا وخداعاتها، عبءَ مثل هذا الحكم العظيم. ألا تعتقد أنه من الأفضل أن تتلمذ أولًا على الأخطار والمشاق؟ وبعد ذلك يمكنك أن تصير بحق ملكًا حكيمًا ونبيلًا.»

كان جاسون أكثر من متلهِّفٍ إلى الرحيل للقيام ببعض المغامرات قبل الاضطلاع بأعباء الحكم، فوافقته هذه الفكرة كثيرًا، وصاح يقول في لهفة: «حدِّد لي عملًا يبرهن على مقدرتي! سأنجز أي عمل تأمرني به، مهما يكن شاقًّا!»

ابتسم بيلياديس في نفسه؛ إذ رأى جاسون يسلم إليه نفسه في حماس الشباب الوثاب، فأجاب في رفق: «لا يليق بشابٍّ جريءٍ مثلك إلا عمل واحد: البحث عن الجزة الذهبية. أحضر لي هذا التذكار البراق، وعندئذٍ أعلم يقينًا أنك جدير بأن تحكم على أيولكوس بدلًا مني.»

خُيل إلى بيلياس أنه سيتخلص من جاسون إلى الأبد بإرساله في هذه المهمة العسيرة. كانت الجزة الذهبية فراءَ كبشٍ عجيبٍ أهداه ميركوري إلى الملكة نيفالي قبل ذلك بعدة سنوات؛ ليحمل طفليها فريكسوس وهيلي إلى برِّ الأمان عندما هددهما الموت.

ما إن ركب الطفلان الصغيران ذلك الكبش، حتى ارتفع بهما على الفور في الجو، وأخذ يحلِّق خلال الهواء بقوة السحر متجهًا نحو الشرق. غير أنه حدث وهو طائر فوق المضيق الفاصل بين أوروبا وآسيا أنِ اختلَّ توازن هيلي، فوقع وسُمِّي ذلك المضيق هيليسبونت (ويُسمى الآن الدردنيل)، وأنزل الكبش فريكسوس بسلامٍ في كولخيس، حيث استقبله ملكها بالترحاب. وبعد ذلك قدم هذا الغلام ذلك الكبش ذبيحة لجوبيتر، وأعطى الملك جزته الذهبية، فوضعها هذا في مغارة مقدسة، ويقوم بحراستها تنين دائم اليقظة لا يعرف النوم.

هذا هو الكنز الذي خرج جاسون ليفوز به، فسار قُدمًا وهو مبتهج ومتلهف إلى القيام بمغامرته العُظمى. فطلب من أرجوس، الذي هو أمهر بنَّائي السفن في ذلك الوقت، أن تُبنى له سفينة بها مقاعد لخمسين مجذفًا. وأرسلت مينيرفا إلى جاسون كتلة خشبية من شجرة بلوط مقدسة؛ ليصنع منها حيزوم السفينة على صورةِ رأس سيدة لها القدرة على الكلام. فلما تم بناء السفينة سُميت الأرجو، وسُمي طاقمها ملاحي سفينة الأرجو. لم يصحب جاسون معه أي بحار عادي في رحلته هذه، وإنما أرسل الدعوة إلى جميع أبطال بلاد الإغريق؛ كي ينضموا إليه، فلما علموا بالأخطار التي كان عليه أن يواجهها جاءوا إليه بصدرٍ رحب.

وهكذا صحبه في هذه الرحلة كاستور وبولوكيس التوءمان اللذان صارا بعد ذلك إلهي الملاكمة والمصارعة، وأورفيوس الشاعر المنشد الإلهي الذي لم ينزل إلى هاديس حتى ذلك الوقت، وزيتيس وكالايس العداءان السريعا الأقدام، وهرقل والصياد أركاس. والصيادة أتالانتا، ونستور ذو الرأي السديد في المجالس، وبيليوس وتيلامون

الشابَّان المحاربان، وأدميتوس الذي صار فيما بعد ملكًا وسيدًا لأبولو، وثيسيوس، وكثير غير هؤلاء.

رحلة الأرجو

أقلع جاسون من أيولكوس في يوم طاب هواؤه، وقامت جموع غفيرة على الشاطئ لتودعه وتدعو له بالتوفيق والحظ الحسن. فأسرعت السفينة تمخر عباب اليم، كأنها طائر يشق طريقه عبر الهواء، فوصلت بعد عدة أيام إلى لمنوس التي جميع سكانها من النساء اللواتي يقمن بكافة الأعمال. ولما غادروا هذا البلد ذهبوا إلى أمة الدوليونيس، الذين استقبلوهم أولًا بالحيطة والشك، ثم عاملوهم كأصدقاء.

يقال إنهم فقدوا هرقل وبحارًا آخر في منطقة البحر الأسود؛ بسبب حادث غريب. فقد انكسر بعض مجاذيف السفينة، فنزل هرقل إلى البر؛ ليبحث عن أخشاب ليصنع منها مجاذيف جديدة. ونزل معه غلام يُدعى هولاس كان خادمه، وكان هرقل يحبه كما لو كان ابنه. ولما أحس هرقل بالظمأ أمر غلامه بأن يذهب إلى أقرب مجرى ماء، ويأتيه منه ببعض الماء.

ذهب هولاس إلى بركة ماء عذب صغيرة وسط غابة، تظلِّلها الأشجار الباسقة، وتحيط بها الأزهار الرقيقة العطرة. فلما انحنى ليملأ جرته بالماء أبصرته الحوريات اللائي يعشن في تلك البركة، وعلى الفور سحرهن جماله، فلم يكن في العالم كله من يبذ هولاس جمالًا. فأسرعن صاعدات من البركة، وأمسكن بيده في رفق ودعونه إلى كهوفهن القائمة تحت الماء. وبأصواتهن الشبيهة بخرير الماء وحفيف أوراق الأشجار، أدخلن النوم إلى رأسه، فأغمض أجفانه رغمًا منه، وعندئذٍ جذبنه ببطءٍ إلى أسفل وسط الأمواج المعانقة التي لم تخرجه بعد ذلك إطلاقًا.

لما طال انتظار هرقل، ولم يرجع هولاس، ذهب يبحثُ عنه وسط الغابة مذعورًا، ولم يكف عن البحث رغم اعتراض الأبطال الآخرين. وبعد مدة اضطروا إلى ترك هرقل على الشاطئ، وأبحروا بسفينتهم، فظل هرقل عدة أيام يبحث عنه في كل مكان دون جدوى، وأخيرًا عاد حزينًا إلى بلاد الإغريق.

بعد بضعة أيام، وصل الأبطال إلى دولة أخرى كان ملكها يفخر كثيرًا بمهارته في الملاكمة، فكان يشترط على كل غريب يطأ أرض بلاده أن يُنازله في شوط ملاكمة. وعادةً كان الشوط ينتهي بموت الغريب؛ إذ كان هذا الملك موفور القوة، عظيم المهارة في الملاكمة. وهكذا فرض هذا الشرط على طاقم الأرجو، وأمرهم بأن يختاروا من بينهم بطلًا ينازله.

أخذ الملك يزهو ويتمشدق بقوته وبراعته، فقال: «ربما احتَجْتم بعد قليل إلى اختيار بطل آخر.»

لم يتنافس الأبطال في اختيار البطل الذي سينازل ذلك الملك؛ فقد كان بولوكس ماهرًا في الملاكمة تلقى دروسه فيها عن الآلهة أنفسهم، فلم يستغرق الشوط بينه وبين الملك وقتًا طويلًا. فبعد فترةٍ قصيرةٍ لقِي الملك نفس المصير الذي لقِيَه كل من لاكمه قبل ذلك، ومع هذا فلم تعجب نتيجة المباراة هذه أهل وطنه، فقاموا في الحال يهاجمون بحارة الأرجو الذين اضطروا إلى قتل الكثير منهم قبل العودة إلى سفينتهم.

سرعان ما وصلت الأرجو إلى منطقة يقيم بها عراف اسمه فينيوس، اتصف بمنتهى القسوة على أهل بيته هو نفسه، فعاقبته الآلهة بالعمَى، ونقلته إلى أرضٍ يسكنها وحشان من جنس يطلق عليه اسم الهاربيات، أجسامهن ورءوسهن لنساء وأقدامهن وأجنحتهن لطيور جارحة. واسم هذين الوحشين «ذات الأقدام العاصفة» و«السريعة الأجنحة». كانت هاتان الهاربيتان تنتظران؛ حتى تضع أيدٍ غير مرئية وجبةَ الطعام أمام فينيوس، فتخطفان خير جزء منها وتلتهمانه. وهكذا كان فينيوس يعيش في جوعٍ دائم. وعد فينيوس هذا أبطال الأرجو بأن يزوِّدَهم بالنصائح الغالية اللازمة لرحلتهم، والتي تجنبهم كثيرًا من المشاقِّ والأخطارَ إن هم خلصوه من هاتين الهاربيتين الضاريتين.

كان زيتيس وكالايس ابني بورياس (الريح الشمالية)، ويستطيعان الحركة في سرعة الريح؛ إذ كانت لهما أجنحة الرياح. فوعداه بمساعدتهما إن هو أقسم لهما بأن يعامل أهله برفق طول حياته. فأقسم لهما بأغلظ الأيمان. وعلى ذلك، فعندما جاءت الهاربيتان هاجماها من الجو، وبعد معركة طويلة طرداهما، ولكي يجازيهما فينيوس على هذا الصنيع أخبر الأبطال بأنهم سرعان ما سيصلون إلى صخرتين خطرتين يُطلق عليهما اسم سومبليجاديس أو الجزيرتين المتصادمتين، وأخبرهم بكيفية المرور بينهما، كما زوَّدهما بنصائح قيمة أخرى.

وبعد نصف يوم وصل الأبطال إلى الصخرتين اللتين حذرهم فينيوس منهما. وكانتا بحق عجيبتين وخطرتين، فلم تكونا مثبتتين إلى قاع البحر، وإنما كانتا دائمتي التحرك والاصطدام إحداهما بالأخرى. ولا يعرف أي إنسان متى سيحدث التقاؤهما المخيف، ولكن جاسون عمل بنصيحة فينيوس، فأطلق حمامة عندما بدأت الصخرتان تقتربان، فاستطاعت الحمامة أن تمرق من بينهما في نفس اللحظة التي اصطدمَتَا فيها. وعندما افترقت الصخرتان بسرعة، أسرع الأبطال بالتجذيف، فانطلقت الأرجو في سرعة الحمامة، ومرقت من بين الصخرتين بسلام. ولما نظر الأبطال خلفهم رأوا الصخرتين ثابتتين لا تتحركان. وما عادتا طافيتَيْن على سطح المحيط، إذ كانت هناك نبوءة تقول بأنه إذا مرَّت أية سفينة بسلام من بين هاتين الصخرتين التصقت الصخرتان في قاع البحر.

الفوز بالجزة الذهبية

وصلت الأرجو إلى كولخيس بعد ذلك بوقتٍ غير طويل. فألقى مراسي السفينة، ونزل إلى البر وسط الجموع المدهوشة فوق الشاطئ، الذين لم يسبق لهم أن شاهدوا سفينة بمثل هذا الحجم الضخم. فطلب من الأهلين أن يذهبوا به إلى الملك أييتيس، الذي رحب به، وأمره بأن يوضح له الغرض من مجيئه إلى أرض كولخيس.

فقال جاسون في صراحةٍ تامة: «جئت من أجل الجزة الذهبية؛ إذ بدونها لن أكون ملكًا على بلدي.» وشرح للملك كيف أن بيلياس اشترط عليه ألا يسلمه المملكة إلا إذا جاءه بالجزة الذهبية.

كان أييتيس داهية، ولم يشأ أن يجرَّ على شعبه هجوم أبطال الأرجو، إذا ما صرح برفضه تسليم ما جاء جاسون يطلبه. ولم يعتزم بحالٍ ما أن يعطيه تلك الجزة الذهبية،

ورد على جاسون بقوله: «لا تحسبن، أيها الشاب، أن الجزة الذهبية تُعطى لأي فردٍ بمجرد أن يطلبها. ولا شك في أنك تعلم يقينًا أن تذكار الآلهة هذا محفوف بكثيرٍ من الأخطار. إذن فأصغِ إلى الشروط التي يمكنك بها أن تفوز بالجزة الذهبية، غدًا يجب أن تأخذ الثورين اللذين يحتفظ بهما مارس في معبده، فتربطهما إلى المحراث، وتزرع أنياب التنين.»

وافق جاسون على تنفيذ هذين الأمرين، وهو يعلم في قرارة نفسِه أنه من المحتمل أن يصحبهما خطر قاتل، وبينما هو ساهر في تلك الليلة فوق ظهر الأرجو؛ إذ انتابه السهاد، فلم تذق عيناه طعم النوم. ظهرت أمامه فجأة فتاة نحيلة الجسم تضع على وجهها خمارًا أسود، فظنها الربةَ مينيرفا أو غيرها من الربات ساكنات أوليمبوس تقف أمامه، ولكن سرعان ما طمأنه صوت رقيق.

قالت الفتاة المقنعة: «أنا ميديا ابنة الملك أييتيس، رأيت اليوم، وكلي إشفاق عليك، كيف أن والدي قد جرك بمكرٍ إلى شرَكٍ قاتل، فلن تستطيع أبدًا، بغير مساعدة، أن تسيطر على الثورين، ولا أن تزرع أنياب التنين. ومع ذلك فسأعاونك إن قبلت مساعدتي.»

فصاح جاسون متلهفًا يقول: «ساعديني، ثم اهربي معي إلى مملكتي، حيث تصبحين ملكتي.»

والحقيقة أن هذا هو عين ما كانت تفكر فيه ميديا عندما ذهبت إليه، وعندئذٍ وافقت على اقتراحه وهي مسرورة.

همست إليه تقول: «هاك مرهمًا سحريًّا يجب أن تدهن به جسمك قبل أن تذهب إلى الثورين، وبذا تكتسب مناعة لمدة يوم واحد ضدَّ النار وضد الجروح. وهكذا لن يتمكن ثورا مارس من حرقك بالنار التي ينفثانها من خياشيمهما، ولن تؤذيك حوافرهما البرنزية. أما أنياب التنين، فاعلم أنه سيخرج منها رجال مسلحون يتحرَّقون شوقًا إلى القتال، وعلى هذا يجب أن تستعمل معهم هذه الخطة.»

وهنا انحنت على جاسون، وأخبرته بصوتٍ خفيض ماذا يفعل؛ ليتجنب خطر المحاربين الخارجين من أنياب التنين.

وفي اليوم التالي خرج الملك إلى الساحة العامة، وقد تجمع فيها حشد كبير من الشعب لمشاهدة جاسون، وهو يقوم بهذين العملين. ولشدَّ ما كانت دهشة أييتيس عظيمة عندما ذهب البطل الإغريقي الشاب إلى مغارة مارس، وكله ثقة، وأمسك بالثورين المخيفين، دون صعوبة وربطهما إلى المحراث، وبدا أنه لم يهتم بالنيران المنبعثة من خياشيمهما على جسمه، وقادهما إلى الساحة.

تناول جاسون، من يد الملك المرتعشة، خوذة مليئةٍ بأنياب التنين، وشرع يسير جيئةً وذهابًا يزرع أنياب التنين في الأخاديد التي يشقُّها المحراث. فإذا ما تغلغلت جذورها في الأرض خرج منها خمسون محاربًا قويًّا، كل منهم كامل التسلح بالفولاذ ويشهر سيفًا. وجعلت صيحاتهم العنيفة المدوية السماء ترتجف وجموع المشاهدين ترتعد.

وعلى حين غِرَّة، دون أن يلاحظ المحاربون ولا أييتيس، قذف جاسون حجرًا وسطهم، فسقط محدثًا صوتًا فوق درع أطول محارب فيهم. فثارت ثائرته من شدَّة الغضب، وانبرى إلى جاره. وقبل أن ينطق أيهما بكلمةٍ واحدة، انقضَّ عليه بسيفه فشطره. وإذ كان سائر الباقين يتلهفون إلى القتال، اتخذت المعركة جانبين. وفي بضعِ لحظات زلزلت الأرض من الضربات النازلة على كلا الجانبين. وكلما وجد جاسون فرصته

اشترك في القتال بسيفه، ولم يمض وقت طويل حتى سقط جميع المحاربين على الأرض صرعى، فساد السكون فجأة.

رأى الملك أن جاسون قد هزمه في أول جولة، متحاشيًا بواسطة شيءٍ غامض، ذلك الفخ القاتل الذي أزمع إيقاعه فيه، ولكنه فضّل أن يقتل جاسون وأتباعه على أن يعطيه الجزة الذهبية، فوضع خطة محكمة لهجوم عنيف يقوم به على الأرجو عند الفجر الباكر.

أدركت ميديا، بطريقةٍ ما، ما ينوي أبوها فعله، فوضعت خطتها لتهزمه في الجولة الثانية أيضًا. فلما أرخى الليل سدوله، تسللت تحت جنح الظلام إلى جاسون، وصحبته إلى الكهف المعلقة به الجزة الذهبية فوق شجرة يرقد تحتها تنين مريع، ولكن رغم سيرهما في هدوءٍ وصمت، فإن وقع أقدامهما على الحشائش أيقظ التنين، وفي لحظةٍ هبَّ منتصبًا متيقظًا، ومد رأسه الشامخ إلى الأمام، وبرزت صفوف أنيابه، ولكنه عندما سمع صوت ميديا المهدئ، وهي التي تعودت أن تضع له الطعام أرهف أذنيه يُصغي.

فقالت له: «هاك وجبة شهية.» وألقَتْ إليه ببعض من الطعام الذي اعتاد تناوله، فالتهمه بجشع، وكانت قد مزجت ذلك الطعام بعقارٍ منوم، فما كاد يبتلعه، حتى ارتمى على الأرض يغط في سباتٍ عميق.

فأسرع جاسون فخطف الجزة الذهبية الثمينة، وهرب بها مع ميديا إلى السفينة، حيث كان الأبطال ينتظرونه ممسكين بالمجاذيف. فانطلقت بهم السفينة فوق الأمواج تشقُّ طريقها إلى خارج الميناء، وبجهدٍ بالغ أفلتت من مطاردة أييتيس.

ويُحكى عن جاسون وطاقم الأرجو، أنهم التقوا في طريق عودتهم بمغامراتٍ أخرى. وفي إحدى هذه المغامرات لم ينقذهم من سحر السيرينيات إلا أنغام أورفيوس.

لما عاد جاسون إلى أيولكوس وعرض الجزة الذهبية على بيلياس، تذرَّع هذا الأخير بحجةٍ ما أو بأخرى مماطلًا في تسليم العرش لابن أخيه. وكانت بنات بيلياس يعرفن أن ميديا ساحرة، ولها السيطرة على الموت والحياة، فتوسلن إليها أن تحضر لهن جرعة سحرية تعيد إلى أبيهن شبابه من جديد، فتظاهرت بالموافقة، ولكنها أعطتهن سمًّا زعافًا قضى على بيلياس بمجرد تناوله، وهكذا صار جاسون ملكًا، فقدم الأرجو قربانًا إلى نبتيون. أما الجزة الذهبية فعلقها في معبد مينيرفا كي يأتي الشبَّان في كل عصر، ويشاهدُوها فتوحي إليهم بحب المغامرات والشجاعة مقتدين بجاسون.